westermann

Thomas Holz, Thomas Wolf

Anlagenmechaniker/-in

Sanitär, Heizungs- und Klimatechnik

Kundenaufträge

Lernfelder 9 bis 15

4. Auflage

Bestellnummer 74538

Die Seiten dieses Arbeitshefts bestehen zu 100 % aus Altpapier.

Damit tragen wir dazu bei, dass Wald geschützt wird, Ressourcen geschont werden und der Einsatz von Chemikalien reduziert wird. Die Produktion eines Klassensatzes unserer Arbeitshefte aus reinem Altpapier spart durchschnittlich 12 Kilogramm Holz und 178 Liter Wasser, sie vermeidet 7 Kilogramm Abfall und reduziert den Ausstoß von Kohlendioxid im Vergleich zu einem Klassensatz aus Frischfaserpapier. Unser Recyclingpapier ist nach den Richtlinien des Blauen Engels zertifiziert.

Druck und Bindung: Westermann Druck GmbH, Georg-Westermann-Allee 66, 38104 Braunschweig

ISBN 978-3-427-74538-9

Der Beruf Anlagenmechaniker/Anlagenmechanikerin für Sanitär- Heizungs- und Klimatechnik ist schon heute sehr komplex und wird auch weiter an Komplexität zunehmen. Vernetzte Systemtechnik und fortschreitende Digitalisierung im Bereich der Haustechnik, die Themen Nachhaltigkeit und Hygiene sind heute selbstverständlicher Bestandteil des Berufs. Damit gewinnt dieser Beruf auch innerhalb der Gesellschaft verstärkt an Bedeutung. Gleichzeitig steigt bei den Kundinnen und Kunden das Bedürfnis nach fachlich kompetenter Beratung für ein energetisches Management von Gebäuden mit dem Ziel einer nachhaltigen Energie- und Ressourcennutzung. Verstärkt wird dieser Wandel durch die Klima- und Urkrainekrise und den damit verbundenen massiven Trend zu ressourcenschonender Heiztechnik, wie der Wärmepumpe.

Die Installation der Anlagentechnik erfordert trotzdem weiterhin die Beherrschung der klassischen „Grundfertigkeiten“ wie Fügen, Montieren, Umformen, maschinelles Bearbeiten, Prüfen, Messen sowie den eingegrenzten Einsatz der Elektrotechnik.
Daneben müssen die in diesem Beruf Tätigen auch alle einschlägigen Regeln der Technik beherrschen, um den Kunden und Kundinnen ein fachgerechtes Arbeitsergebnis anbieten zu können.

Der beschriebene Wandel erfordert von den Auszubildenden regelmäßig, sich in neue Themen selbstständig einzuarbeiten – auch nach bestandener Gesellenprüfung. Das vorliegende Übungsbuch soll dabei erfolgreich unterstützen, eine Einschätzung des eigenen Kenntnisstandes geben und helfen, fachliche Defizite noch rechtzeitig zu erkennen.

Die Neuauflage dieses Arbeitsheftes wurde überarbeitet und ergänzt.

Die Autoren wünschen Ihnen viel Erfolg bei der Arbeit mit diesem Buch.

9.1 Möglichkeiten der Trinkwassererwärmung

Es gibt die verschiedensten Möglichkeiten, für eine Zapfstelle warmes Trinkwasser zur Verfügung zu stellen. Jede dieser Möglichkeiten hat Vorteile und Nachteile. Um eine für die Kunden und Kundinnen optimale Lösung zu finden, ist es wichtig, sie umfassend zu informieren und danach ihre individuellen Wünsche abzuklären.

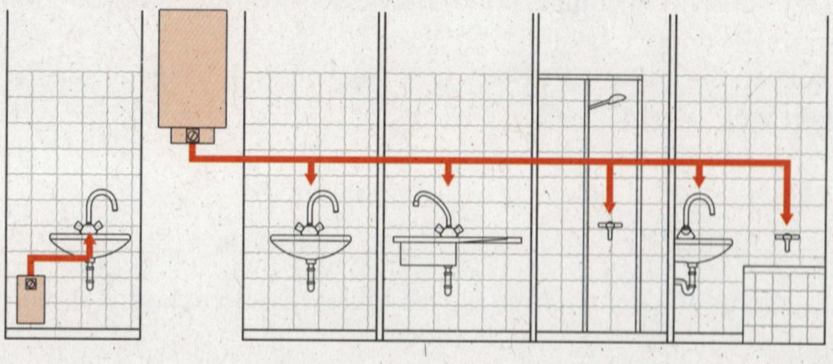

Aufgabe 1

Ein Unterscheidungskriterium sind die verschiedenen Betriebsarten. Nennen Sie die verschiedenen Betriebsarten und ordnen Sie je ein Beispiel zu, wann diese Betriebsart sinnvoll ist.

Betriebsart	sinnvoll bei folgender Situation

Aufgabe 2

Bei der Trinkwassererwärmung unterscheiden wir prinzipiell zwischen Speicher-Wassererwärmern und Durchlauf-Wassererwärmern. Erklären Sie Ihrem Kunden die unterschiedlichen Erwärmungsprinzipien.

Speicher-Wassererwärmer:

Durchlauf-Wassererwärmer:

Aufgabe 3

Ein Problem für Anlagen zur Trinkwassererwärmung besteht darin, dass Wasser ein Stoff ist, für dessen Erwärmung man viel Energie benötigt.
Suchen Sie im Tabellenbuch, ob es feste oder flüssige Stoffe mit einer höheren spezifischen Wärmekapazität als der von Wasser gibt.

nein: ☐ ja: ☐ welcher Stoff? ____________________

Zur Verdeutlichung führen Sie die folgenden Berechnungen durch:

a) Wie viele Minuten dauert es, das Wasser in einem 120-l-Speicher von 10 °C auf 50 °C zu erwärmen? Es wird 18 kW Heizleistung zugeführt. (Aufheizzeit)

gesucht:

gegeben:

Lösung:

b) Welche Auslaufmenge in kg/min ergibt sich, wenn ein Durchlauf-Wassererwärmer mit 18 kW Wärmeleistung Wasser von 10 °C auf 50 °C erwärmt?

gesucht:

gegeben:

Lösung:

Beurteilen Sie Ihr Ergebnis. Nehmen Sie dabei an, dass der Durchlauf-Wassererwärmer eine Küchenspülenbatterie versorgt. Die Auslauftemperatur aus der Batterie soll 38 °C betragen. Die Batterie soll eine Auslaufmenge von 12 l pro Minute haben. (Sie müssen eine Mischtemperatur-Berechnung durchführen.) (Mischtemperatur)

gesucht:

gegeben:

Lösung:

Beurteilung:

Welche Folgen hätte das für die Nutzer und Nutzerinnen?

c) Beurteilen Sie die gleiche Situation noch einmal, diesmal erfolgt die Warmwasserversorgung über den 120-l-Speicher. Die Warmwasserverteilungsleitungen sind ausreichend dimensioniert.

Aufgabe 4

Ein Kunde fragt Sie, ob die relativ lange Aufheizzeit des Speichers in der Praxis eine Komforteinbuße bedeutet. Beraten Sie ihn. Bedenken Sie, dass es sich um einen 120-l-Speicher handelt.

Name Klasse/Gruppe Datum

Aufgabe 5

Notieren Sie für eine Kundenberatung Vor- und Nachteile von Speicher- und Durchlauf-Wassererwärmern.

Speicher:

Vorteile	Nachteile

Durchlauf:

Vorteile	Nachteile

Aufgabe 6

Ein weiteres Unterscheidungskriterium bei der Wassererwärmung sind die Begriffe „unmittelbar beheizt" und „mittelbar beheizt". Erklären Sie den Unterschied mit je einem Beispiel.

unmittelbar beheizt:

mittelbar beheizt:

9.2 Funktion von offenen Trinkwassererwärmern

Offene Trinkwassererwärmer können ohne großen Aufwand an die Kaltwasser-Versorgungsleitungen angeschlossen werden. Sie sind daher eine sinnvolle Alternative, wenn eine einzelne Warmwasserzapfstelle versorgt werden soll.

Aufgabe 1

Erklären Sie Ihrer Kundin das Prinzip des offenen Speichers. Machen Sie ihr dabei auch deutlich, warum sie damit rechnen muss, dass die geschlossene Armatur immer wieder zu tropfen beginnen kann. (Elektro-Speicher-Wassererwärmer)

Aufgabe 2

Auch wenn eine Batterie für einen offenen Speicher von außen wie eine normale Batterie aussieht, ist ihre Funktion eine andere.

Ergänzen Sie in der Skizze unten, wie die Wasserführung zwischen Kaltwasseranschluss (PWC), Armatur, Speicher und Auslauf erfolgt. (Im Prinzip ist die Mischbatterie eine Kombination aus Absperrventil und Drei-Wege-Mischer.)

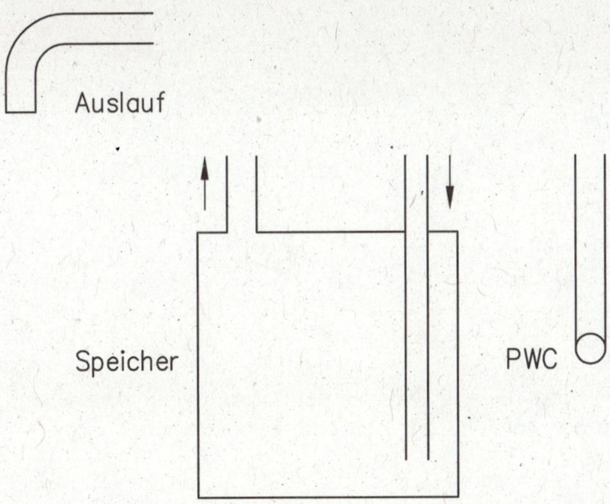

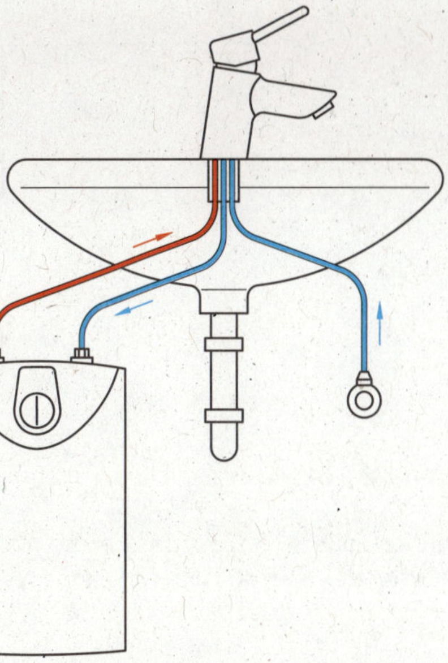

Anschlussschema zwischen Armatur und Speicher

Name Klasse/Gruppe Datum

Aufgabe 3

Der Hersteller der Mischbatterie schreibt vor, dass in dem Auslauf kein Luftsprudler (Perlator) eingebaut werden darf. Erklären Sie Ihrem Kunden den Sinn dieser Vorschrift.

Aufgabe 4

Eine andere Bauform eines offenen Speichers sind die sogenannten Kochendwassergeräte.
Wie Sie sehen, hat die Armatur drei Ventile:
Ventil 1: Kaltwasserauslauf
Ventil 2: Füllen des Behälters
Ventil 3: Ablassen des erwärmten Wassers

a) Ergänzen Sie in der Skizze unten, wie die Wasserführung zwischen Kaltwasseranschluss (PWC), Armatur, Speicher und Auslauf erfolgt.
b) Benennen Sie die Ventile in der Skizze (1, 2, 3).
c) Ergänzen Sie in der Skizze auch die Leitungsführung des Überlaufs.

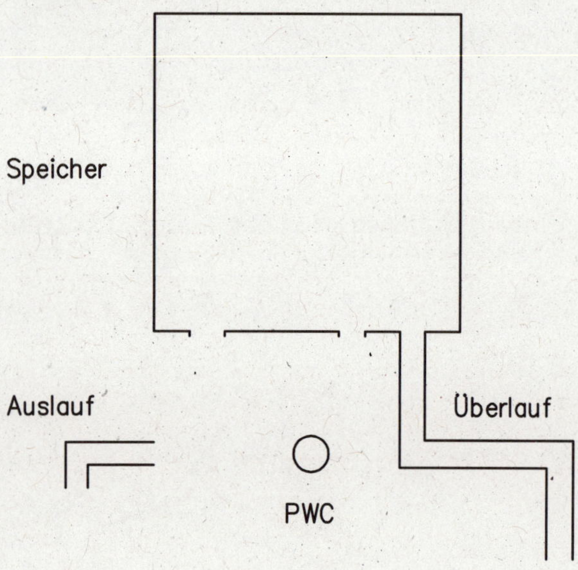

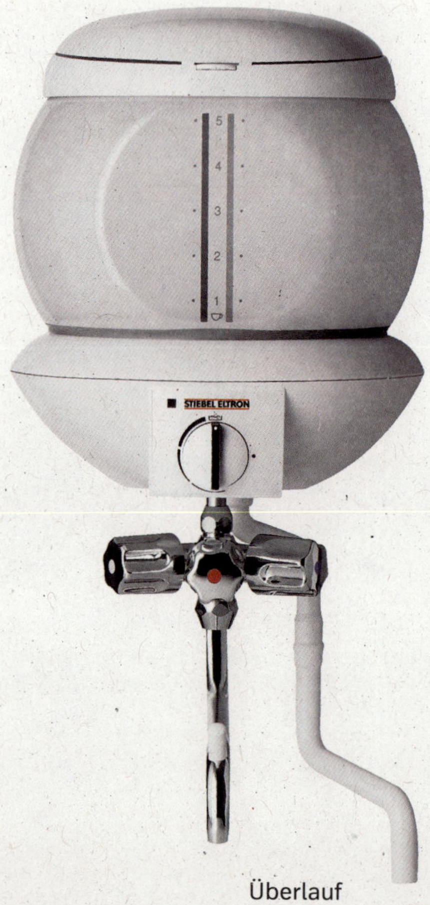

Aufgabe 5

In Aufgabe 1 hieß es, dass zwischen dem Auslauf des Speichers und dem Auslauf der Armatur keine Absperrung vorhanden sein soll. Hier ist an dieser Stelle eine Absperrvorrichtung. Wieso ist es trotzdem ein offener Speicher?

Name Klasse/Gruppe Datum

9.3 Einbindung eines Trinkwassererwärmers in eine Trinkwasseranlage

Nach DIN 1988 sind im Kaltwasseranschluss eines Trinkwassererwärmers bestimmte Armaturen vorgeschrieben. Welche Armaturen Sie einbauen müssen, richtet sich nach dem Wasserinhalt und danach, ob es offene oder geschlossene Trinkwassererwärmer sind.

(Bild: www.resideo.com/de)

Aufgabe 1

Geben Sie bei den folgenden Beispielen jeweils an, welche Armaturen nach DIN 1988 im Kaltwasseranschluss des jeweiligen Trinkwassererwärmers gefordert sind.

anzuschließendes Gerät	geforderte Armaturen (in Fließrichtung)
geschlossener Durchlaufwassererwärmer, 1,5 l Inhalt	
offener Speicher, 5 l Inhalt	
geschlossener Speicher, 70 l Inhalt	
geschlossener Speicher, 125 l Inhalt	

Aufgabe 2

Bei den Übersichten zu den vorgeschriebenen Armaturen ist bei den geschlossenen Speichern immer auch ein Druckminderer (Druckregler) angegeben. Welche generelle Regel gilt für den Einbau eines Druckminderers? (Kaltwasseranschluss)

zulässiger Betriebsdruck des Speichers	Versorgungsdruck in der Kaltwasserleitung	Druckminderer erforderlich		
		nein	ja	einzustellender Druck
6 bar	4 bar			
6 bar	5 bar			
10 bar	4 bar			
10 bar	12 bar			

Name Klasse/Gruppe Datum

Aufgabe 3

Alle geschlossenen Speicher mit einem Inhalt von mehr als 10 l müssen mit einem Sicherheitsventil ausgestattet sein. Warum ist der Einbau eines Sicherheitsventils so wichtig?

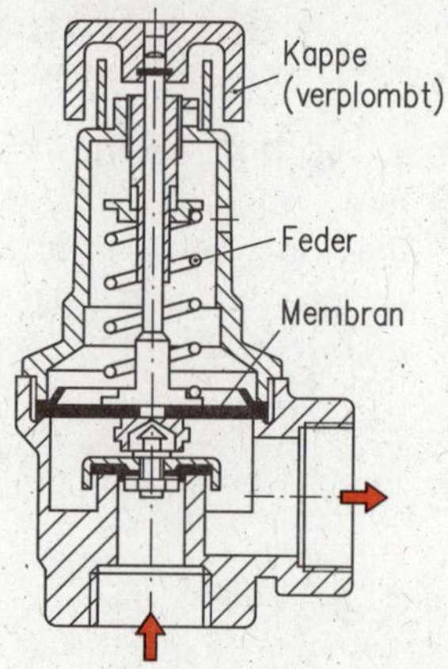

Aufgabe 4

Sie werden bei Trinkwasserspeichern in der Regel Sicherheitsventile mit einer Nennweite von DN 15 einbauen. Die DN des Sicherheitsventils bestimmt sich nach zwei Werten. Welche Werte sind das und wie groß dürfen sie maximal bei einem Sicherheitsventil DN 15 sein?

Aufgabe 5

Welche Regeln müssen Sie bei der Verlegung der Abblaseleitung des Sicherheitsventils beachten?

Aufgabe 6

a) Um wie viel dm^3 vergrößert sich das Wasservolumen eines Speichers mit 120 l Inhalt, wenn er von 10 °C auf 60 °C aufgeheizt wird? (Volumenausdehnung)

gesucht:

gegeben:

Lösung:

Name Klasse/Gruppe Datum

b) Im normalen Tagesbetrieb ist es realistischer davon auszugehen, dass der Speicher von 50 °C auf 60 °C erwärmt wird. Um wie viel dm^3 vergrößert sich das Wasservolumen des Speichers mit 120 l Inhalt?

gesucht:

gegeben:

Lösung:

Aufgabe 7

Ihr Kunde fragt Sie, ob nicht beachtliche Kosten entstehen, wenn dieses Ausdehnungswasser über das Sicherheitsventil in die Entwässerung geleitet wird.
Bestimmen Sie die Kosten für ein Jahr unter folgenden Angaben: 6 Aufheizvorgänge pro Tag; 365 Tage im Jahr; 5,50 € pro m^3 Trinkwasser (einschließlich Abwassergebühren); 0,6 dm^3 Ausdehnungswasser je Aufheizvorgang.

Lösung:

Aufgabe 8

Eine elegante Lösung für das Problem des Ausdehnungswassers ist der Einbau eines Ausdehnungsgefäßes.
Welche besondere Eigenschaft muss ein derartiges Ausdehnungsgefäß für Trinkwasser im Gegensatz zu einem für Heizungswasser haben und welchen Sinn hat diese Vorschrift?

Aufgabe 9

Sie haben für den 120-l-Speicher ein Ausdehnungsgefäß mit 8 dm^3 Inhalt installiert. Der Leitungsdruck beträgt 4 bar (Absolutdruck). Laut Herstelleranweisung soll der Vordruck im Ausdehnungsgefäß 0,2 bar unter dem Leitungsdruck liegen. Wie viel Trinkwasser strömt beim Anlegen des Leitungsdrucks in das Ausdehnungsgefäß? (Gasgesetze)

gesucht:

gegeben:

Lösung:

Aufgabe 10

Hier sehen Sie zwei Zeichnungen einer Armaturenkombination zum Anschluss eines Speichers an die Kaltwasserleitung.

Die Nummern in der Zeichnung rechts bedeuten:
1 Sicherheitsventilaustauschsatz
2 Stopfen mit Dichtung
3 Ablauftrichter
4 Einsteckrückflussverhinderer

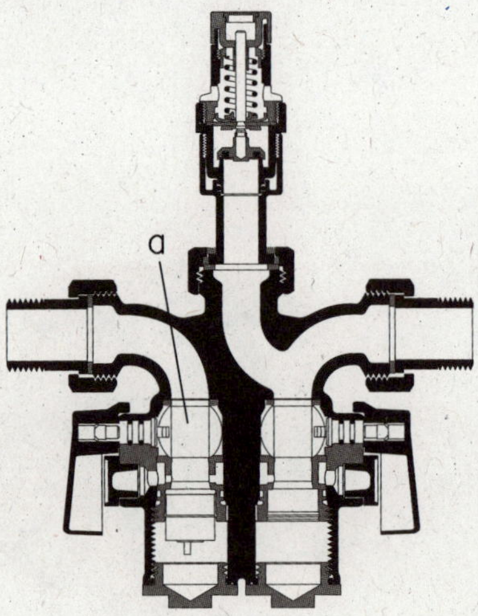

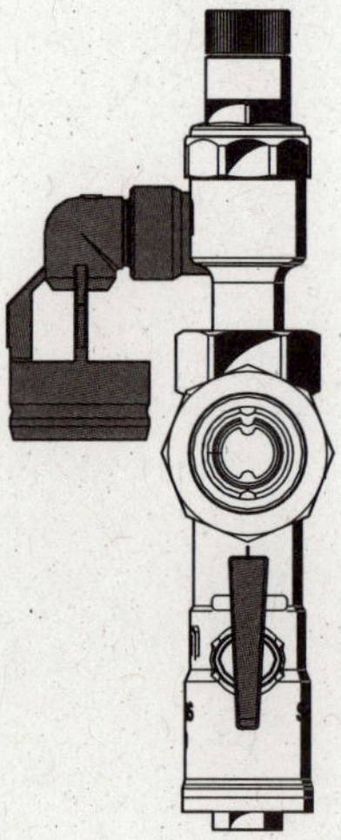

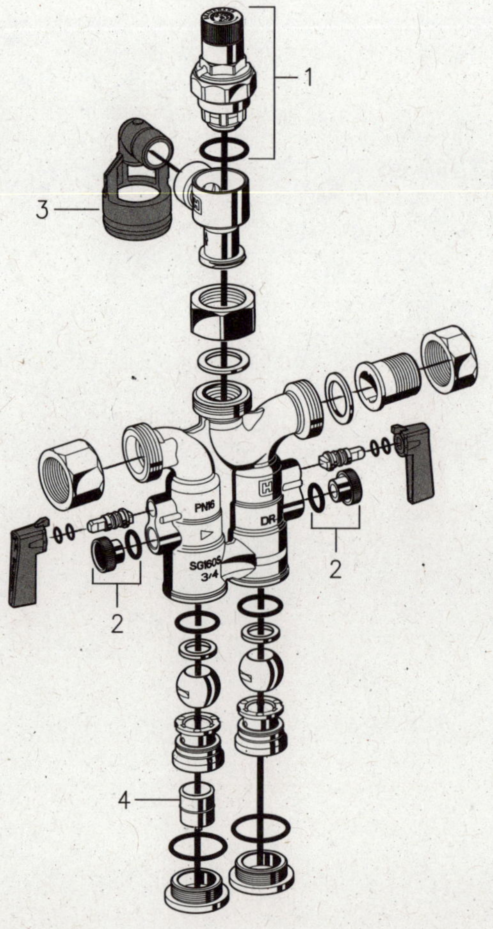

Kennzeichnen Sie in der Zeichnung oben die nach DIN 1988 geforderten Einbauteile und benennen Sie sie.

a = 1. Absperrarmatur, (diese Lösung ist vorgegeben)

b =

c =

d =

e =

f =

Name Klasse/Gruppe Datum

9.4 Funktionen in elektrischen Wassererwärmern

Elektrisch beheizte Trinkwassererwärmer sind zwar, bezogen auf den Primär-Energiebedarf, nicht optimal geeignet, um Wasser zu erwärmen. Aber da sie z. B. keine Abgasanlage benötigen, können sie an vielen Stellen montiert werden, wo dies bei Gasgeräten nicht möglich ist. Da Sie als bestellte Elektrofachkraft für festgelegte Tätigkeiten diese Geräte auch elektrisch anschließen dürfen, müssen Sie deren Schaltpläne lesen können.

Aufgabe 1

Dargestellt ist das Schaltschema eines hydraulisch gesteuerten Durchlaufwassererwärmers.

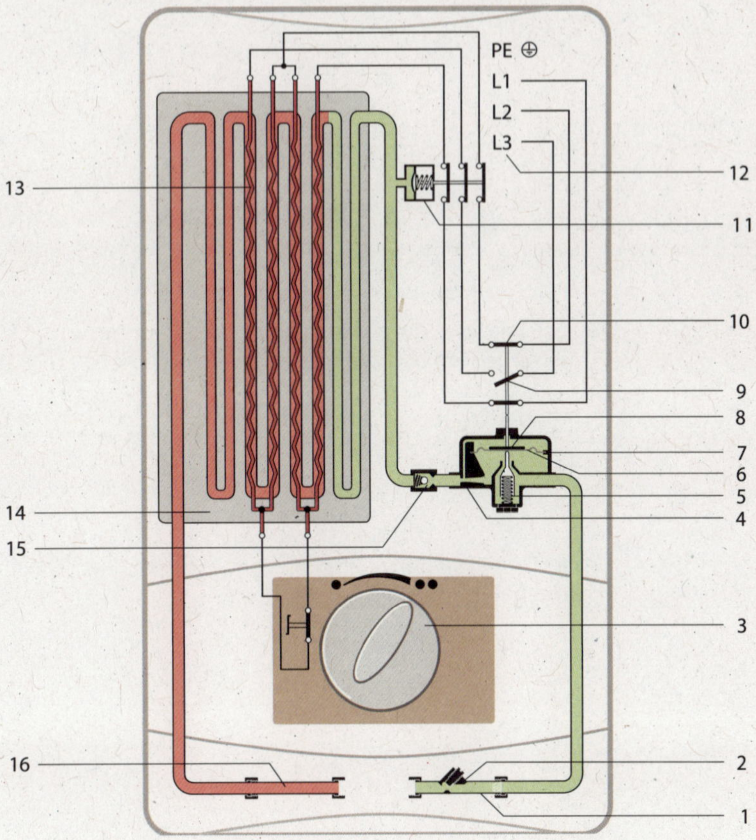

1 Anschlussstück für Kaltwasser
2 Kaltwasserabsperrventil
3 Leistungswähler
4 Venturidüse
5 Warmwassermengenregler
6 Membran
7 Wasserschalter
8 Membranteller mit Stift
9 Schaltkontakt für automatische Umschaltung von halber Leistung auf volle Leistung
10 Strömungsschalter
11 Sicherheitsschalter
12 Netzanschlussklemme
13 Heizwendel
14 Heizblock
15 Rückschlagventil
16 Anschlussstück für Warmwasser

Den elektrischen Verdrahtungsplan dieses Durchlaufwassererwärmers sehen Sie rechts.

Ordnen Sie in der Tabelle den Angaben des Schaltschemas die jeweiligen Nummern des Verdrahtungsplans zu. Beachten Sie, dass die Nummerierung in beiden Plänen unterschiedlich ist!

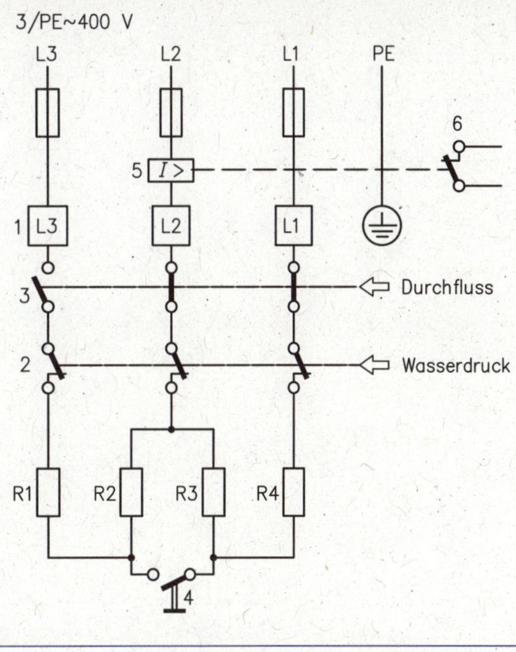

Angabe im Schaltschema	Nummer im Verdrahtungsplan
Leistungswähler (3)	
Strömungsschalter (10)/ automatische Umschaltung (9)	
Sicherheitsschalter (11)	

Name Klasse/Gruppe Datum

Aufgabe 2

Der Durchlaufwassererwärmer arbeitet in vier Schaltstufen. Rechts sehen Sie noch einmal einen Ausschnitt aus dem Verdrahtungsplan.

a) Erklären Sie, wie der Strom bei den unten genannten Schaltstufen fließt. Geben Sie auch an, ob es sich jeweils um Reihen- oder Parallelschaltungen handelt.
In der gezeichneten Stellung ist der Leistungsschalter auf Stellung 1. Es wird eine kleine Menge Wasser gezapft, daher sind die Schließer a und b geschlossen. Bei Volllast schließt auch noch Schließer c.

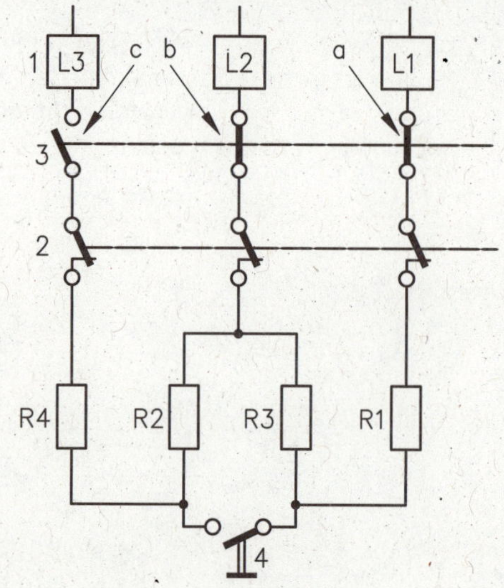

VED = 4-stufig	
Leistungswähler manuell	Teillaststeuerung zapfmengenabhängig
Stufe I: Schalter **4** offen	Teillast: 33 % der Nennleistung ↓ Volllast: 66 % der Nennleistung
Stufe II: Schalter **4** geschlossen	Teillast: 50 % der Nennleistung ↓ Volllast: 100 % der Nennleistung

	Es sind folgende Leiter verbunden	**Der Strom fließt durch folgende Widerstände, (Heizdrähte) um das Wasser zu erwärmen**
Teillast 33 %		
Teillast 50 %		

b) Wieso kommt es bei „Teillast 50" zu größerem Stromfluss und damit zu einer höheren Leistung, wenn ein Widerstand zusätzlich geschaltet wird? (Reihenschaltung, Parallelschaltung)

Aufgabe 3

Im Verdrahtungsplan sind die Schalter bei 2 als Öffner und bei 3 als Schließer dargestellt. Erklären Sie den Sinn dieser unterschiedlichen Darstellung.

Name Klasse/Gruppe Datum

Aufgabe 4

Der Durchlaufwasserheizer ist mit der Schutzart IP 25 gekennzeichnet. Dürfen Sie ihn im Privathaushalt über einer Badewanne installieren? Begründen Sie Ihre Aussage.

Aufgabe 5

In dem Verdrahtungsplan kann man die Angabe: 3/PE ~ 400V lesen.

a) Wie viele Leiter muss das Anschlusskabel haben?

b) Welche Farben müssen diese Leiter haben? Wo würden Sie diese anklemmen? (Kennfarben von Leitern)

Klemmenbezeichnung	**L1**	**L2**	**L3**	⏚
Farbe				

Aufgabe 6

Angenommen, am Installationsort ist nur eine Anschlussdose mit einem Anschluss 3 x 1,5 mm² Querschnitt 230 V (L, N, PE). Der Kunde möchte aber mehrere Zapfstellen mit Warmwasser versorgen. Welche Lösung können Sie ihm als Alternative zum 18 kW Durchlaufwassererwärmer zur elektrischen Wassererwärmung anbieten?

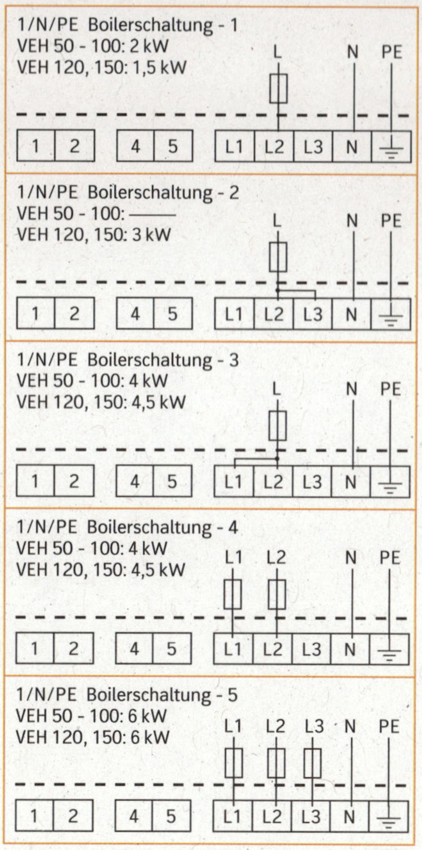

Aufgabe 7

Ihre Kundin fragt Sie, ob es möglich ist, den VEH 50 (50 l Wasserinhalt) zu installieren.

a) Überprüfen Sie in dem Anschlussplan rechts, welche Anschlussmöglichkeiten der Hersteller anbietet, wenn an diesem Installationsort nur Leiter, Nullleiter und Schutzleiter zum Anschluss zur Verfügung stehen. Beachten Sie, dass eine der dargestellten Anschlussmöglichkeiten beim VEH 50 nicht möglich ist.

Name Klasse/Gruppe Datum

erste Möglichkeit:

zweite Möglichkeit:

b) Welche Leistungen würden sich jeweils gemäß dem Anschlussplan ergeben?

mögliche Leistungen:

c) Überprüfen Sie, ob der erforderliche Strom durch eine Leitung 3 x 1,5 mm^2, die nach der Verlegerart B2 verlegt ist, geleitet werden kann. Beachten Sie auch, dass eine Leitung mit einem Querschnitt von 1,5 mm^2 mit einer 16-A-Sicherung abgesichert ist. (Leistung bei Strom)

gesucht:

gegeben:

Lösung:

gesucht:

gegeben:

Lösung:

Aufgabe 8

Berechnen Sie die Aufheizzeit in Minuten, die erforderlich ist, um den 50-l-Speicher bei 2 kW Leistung von 10 °C auf 60 °C zu erwärmen (ohne Berücksichtigung des Wirkungsgrads).

gesucht:

gegeben:

Lösung:

Aufgabe 9

Begründen Sie, warum trotz der relativ langen Aufheizzeit das Gerät für die Nutzer und Nutzerinnen sinnvoll sein kann.

9.5 Elektrische Leitungen und Verlegearten

Immer wieder sorgen Kabelbrände für hohe Sach- und Personenschäden, weil elektrische Leitungen ungenügend ausgelegt, fehlerhaft abgesichert und unsachgemäß verlegt worden sind. „Diese Fehler sind unbedingt zu vermeiden“, sagt Ihr Meister, der zugleich die verantwortliche Elektrofachkraft ist. „Aus diesem Grund werden wir beide gemeinsam die Anschlussarbeiten für einen Elektro-Speicher-Wassererwärmer planen und ausführen.“

Der Elektro-Speicher-Wassererwärmer, den Sie bei Ihrer Kundschaft installieren sollen, hat eine Leistung von 4 kW bei 230 V ~.

Aufgabe 1

Noch vor der Auslegung der Zuleitung muss der Leitungstyp nach dem Verwendungszweck und den vorherrschenden Bedingungen ausgewählt werden. Diese Anforderungsbedingungen, denen die Zuleitung entsprechen muss, werden in drei Gruppen eingeteilt.
Benennen Sie diese drei Anforderungsgruppen und erläutern Sie kurz deren Kriterien. (elektrische Leitungen)

II.

III.

Aufgabe 2

Nun gilt es, die richtige Leitungsart festzulegen. Die Umstände erfordern es, dass die Leitung nicht im oder unter Putz, sondern in einem Kabelkanal verlegt werden muss.

a) Wählen Sie den Leitungstyp, der für die Anschlussleitung verwendet werden kann, anhand der nebenstehenden Tabelle aus.

b) Geben Sie die Anzahl der erforderlichen Adern an. (Leitungen, Leiterarten)

Tabelle 2: Leitungsarten und ihre Verwendungsmöglichkeiten (Beispiele)

Leitungen für feste Verlegung				
Bezeichnung	Leitungsaufbau	Kurzzeichen	Aderzahl	Verwendung
Kunststoffaderleitung	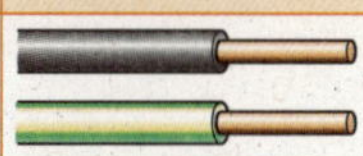	H07V-U H07V-R H07V-K	1	Zur Verlegung in trockenen Räumen. Zur inneren Verdrahtung von z. B. Leuchten, Motoren, Verteilungen.
Stegleitung	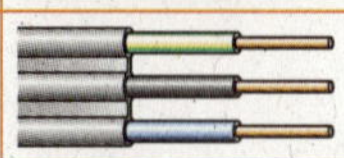	NYIF	2 ... 5	Nur in trockenen Räumen zur Verlegung in Putz und unter Putz. Nicht auf Holz, Metall, in Hohlräumen, im Bad
Mantelleitung		NYM	1 ... 5	Zur Verlegung auf, in und unter Putz in trockenen, feuchten, nassen, feuer- und explosionsgefährdeten Räumen. Nicht im Erdreich
Leitungen zum Anschluss ortsveränderlicher Verbraucher				
Bezeichnung	Leitungsaufbau	Kurzzeichen	Aderzahl	Verwendung
Zwillingsleitungen	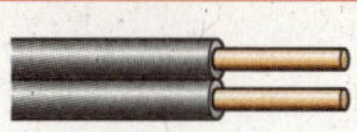	H03VH-Y	2	Zum Anschluss kleiner Handapparate z. B. elektrische Rasierapparate. Kabellänge max. 2 m, Strombelastung < 0,2 A.
Leichte Kunststoffschlauchleitung	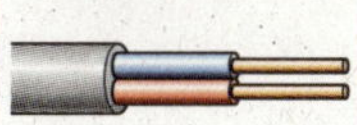	H03VV-F	2 ... 3	Bei geringen mechanischen Beanspruchungen; für Haushaltsgeräte und Büromaschinen. Nicht geeignet für Koch- und Raumheizgeräte.

Name Klasse/Gruppe Datum

Aufgabe 3

Nun gilt es, den erforderlichen Leiterquerschnitt zu ermitteln.
a) Welche Angabe benötigen Sie zur Ermittlung des Leiterquerschnitts?

____

b) Berechnen Sie diesen Wert anhand der bekannten Werte.

gesucht:

gegeben:

Lösung:

Aufgabe 4

Bestimmen Sie zuerst die Verlegeart unter Zuhilfenahme der entsprechenden Tabellen und ergänzen Sie die folgenden Angaben:
(Alle für diese Aufgabe benötigten Tabellen finden Sie auf S. 24)

a) verwendete Tabelle: ______________

b) Verlegeart: ________ Begründung: ______________________________

c) Welche Größe ist für die Überstrom-Schutzeinrichtung I_n (z. B. Schmelzsicherung) zu wählen?

benutzte Tabelle: ______________

zu wählende Größe der Überstrom-Schutzeinrichtung: I_n = ________

d) Wie hoch ist hierbei die maximale Strombelastbarkeit I_z der Leitung und der zugehörige Leiterquerschnitt?

Strombelastbarkeit I_z = ________, der zugehöriger Leiterquerschnitt muss ________ betragen.

Aufgabe 5

Kann anhand der soeben berechneten Stromstärke
a) dieser Leiterquerschnitt verwendet werden oder
b) benötigen Sie hierfür noch weitere Angaben?
Wenn ja, welche sind das?
Begründen Sie Ihre Antwort. Möglicherweise verhilft Ihnen das folgende Schema zu einer fachgemäßen Antwort.

Einflussfaktoren auf die Strombelastbarkeit I_z

Einflussfaktoren der Leitung
- Querschnitt, Leitfähigkeit der Leitung
- Wärmeleitfähigkeit der Isolation
- zulässige Dauertemperatur des Isolationsmaterials
- Anzahl der belasteten Adern

Einflussfaktoren der Umgebung
- Verlegeart
- gehäufte Verlegung der Leitungen
- Umgebungstemperatur

____

____

____

____

Name Klasse/Gruppe Datum

Sie beschaffen sich die noch fehlenden Angaben: Die maximale Umgebungstemperatur beträgt 20 °C, insgesamt vier belastete Leitungen sind im Installationskanal verlegt, das Isoliermaterial des Kabels ist PVC.

Aufgabe 6

Nachdem die Verlegeart bestimmt ist, kommt nun der nächste Schritt: Die Korrektur des Leiterquerschnitts aufgrund seiner Umgebungstemperatur.

a) Begründen Sie, warum die Umgebungstemperatur Einfluss auf die Auslegung des Leiterquerschnitts hat.

b) Die Umgebungstemperatur hat also einen Einfluss auf die Größe des Leiterquerschnitts. Streichen Sie die falschen Aussagen durch:

Bei einer höheren Umgebungstemperatur muss der Leiterquerschnitt größer/kleiner gewählt werden.

Bei einer niedrigeren Umgebungstemperatur muss der Leiterquerschnitt größer/kleiner gewählt werden.

c) Auf welche Bezugswerte sind elektrische Leitungen hinsichtlich ihrer Strombelastbarkeit ausgelegt?

Aufgabe 7

a) Mit welchem Faktor f_1 ist die errechnete Stromaufnahme bei der Umgebungstemperatur von 20 °C zu korrigieren?

Faktor f_1 = __________ aus der Tabelle Nr.: ______

b) Steigt oder sinkt der Wert der Strombelastbarkeit durch diesen Faktor? Begründen Sie Ihre Antwort kurz.

c) Welcher Wert ist für die maximale Strombelastbarkeit der Leitung bei 20 °C zugrunde zu legen?

gesucht: Lösung:

gegeben:

Name Klasse/Gruppe Datum

Aufgabe 8

Im Elektroinstallationskanal befinden sich insgesamt vier belastete Leitungen.

a) Wie verändert sich aufgrund dieser Situation die Strombelastbarkeit I_{f2} im Verhältnis zum Leiterquerschnitt?

b) Begründen Sie Ihre Aussage:

c) Welcher Wert ist für die Strombelastbarkeit und damit zur Auslegung des Leiterquerschnitts zugrunde zu legen? Beweisen Sie Ihre vorhergehende Aussage mit der Berechnung des neuen Werts.

Der Korrekturfaktor f_2 beträgt = ____________ aus der Tabelle Nr.: ________

gesucht:

gegeben:

Lösung:

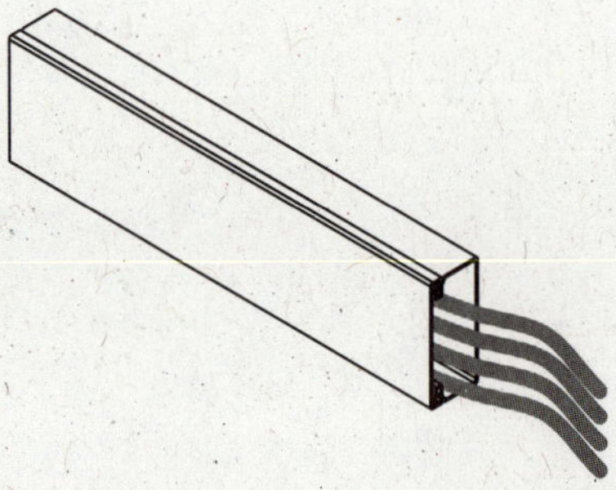

Aufgabe 9

a) Nachdem die tatsächlich zu berücksichtigende Strombelastung den Umgebungs- und Verlegebedingungen angeglichen wurde, kann endlich der Leiterquerschnitt bestimmt werden. Bei der Verlegeart B2 und zwei belasteten Adern ergibt sich bei einer Umgebungstemperatur von 20 °C der folgende Leiterquerschnitt:

Für I_{f2} = 34,8 A ergibt sich laut Tabelle 2 ein Leiterquerschnitt von ____________

b) „Abschließend müssen wir noch überprüfen, ob der maximal zulässige Spannungsfall von 3 % eingehalten wird", sagt der Meister. Er gibt Ihnen den Auftrag, dieses zu kontrollieren. Die Leitungslänge beträgt 32 m.

gesucht:

gegeben:

Lösung:

Name Klasse/Gruppe Datum

Aufgabe 10

Nachdem Sie nun den Berechnungsweg kennen, bittet Sie der Meister zu überprüfen, ob die Zuleitung für die Umwälzpumpe von Ihrer Kollegin richtig ausgelegt wurde.
Die Bedingungen sind: Zuleitung NYM 3 X 2,5 mm^2 mit jeweils zwei belasteten Adern, Verlegung mit zwei weiteren Leitungen NYM 3 X 2,5 mm^2 im Installationsrohr. Die Umgebungstemperatur in der Heizzentrale beträgt 40 °C, die Pumpe nimmt einen Strom von 9,2 A auf.

a) Verlegeart lt. Tabelle: ____________

b) Strombelastbarkeit I_Z: ____________

c) Umrechnungsfaktor Temperatur 40 °C f_1 = ____________

Die Strombelastbarkeit sinkt damit auf: ____________

d) Umrechnungsfaktor Häufung, drei Leitungen f_2 = ____________

Die Strombelastbarkeit sinkt dann auf: ____________

Das bedeutet: ____________

e) Ergebnisbewertung:

f) Der Bemessungsstrom für das Überstrom-Schutzorgan (Schmelzsicherung/Motorschutzschalter) darf in diesem Fall maximal ____________ betragen.

Aufgabe 11

„Begründe mir", sagt der Meister, „warum die Strombelastbarkeit I_Z immer höher als der Nennstrom des Überstrom-Schutzorgans ausfällt."

Name Klasse/Gruppe Datum

Tabelle 1

Verlegeart	A1	A2		B1	B2
Darstellung	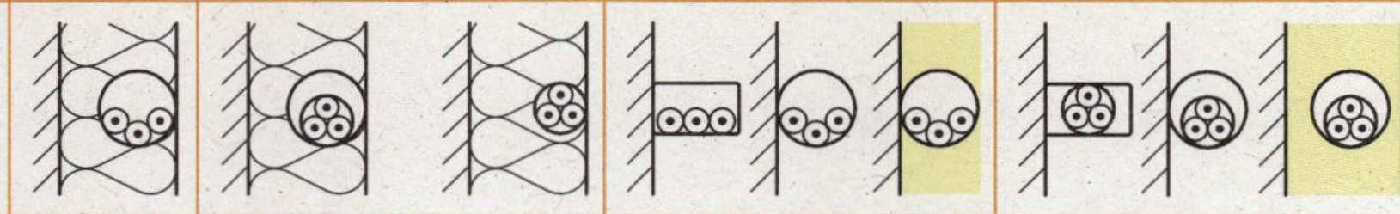				
Verlegebedingung	Verlegung in wärmegedämmten Wänden			Verlegung in Elektro-Installationsrohren oder geschlossenen Elektro-Installationskanälen auf oder in Wänden oder in Kanälen für Unterflurverlegung	
	Aderleitungen oder einadrige Kabel/Mantelleitungen im Elektro-Installationsrohr oder -kanal	mehradrige Kabel oder Mantelleitungen: im Elektro-Installationsrohr oder -kabel	mehradrige Kabel oder Mantelleitungen: direkt verlegt	Aderleitungen oder einadrige Kabel/Mantelleitungen	mehradrige Kabel oder Mantelleitungen

Verlegeart	C			E	F	G
Darstellung	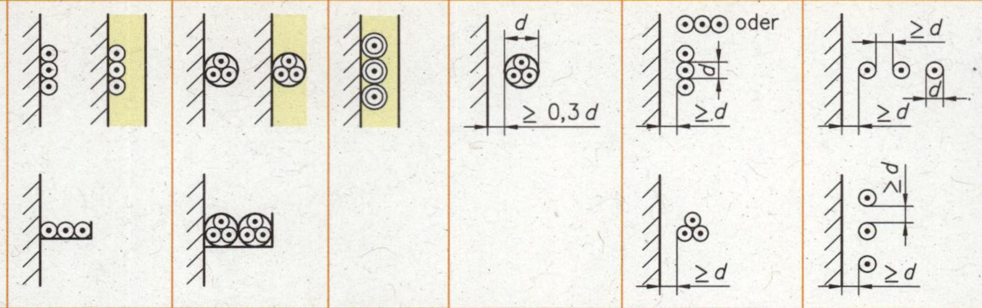					
Verlegebedingung	direkte Verlegung auf oder in Wänden/Decken oder in Kabelwannen		Stegleitungen in Wänden/Decken oder Hohlräumen	Verlegung frei in Luft, an Tragseilen sowie auf Kabelpritschen und -konsolen		
	einadrige Kabel oder Mantelleitung	mehradrige Kabel oder Mantelleitungen		mehradrige Kabel oder Mantelleitungen	einadrige Kabel oder Mantelleitungen: mit Berührung	einadrige Kabel oder Mantelleitungen: ohne Berührung, auch Aderleitungen auf Isolatoren

Tabelle 2

Zuordnung von Überstromschutzorganen bei einer Umgebungstemperatur von 25 °C

Verlegeart		A1		A2		B1		B2		C		E	
Anzahl der gleichzeitig belasteten Adern		2	3	2	3	2	3	2	3	2	3	2	3
Nennquerschnitt in mm²		Strombelastbarkeit I_z in A Nennstrom I_n in A											
1,5	I_z	16,5	14,5	16,5	14,0	18,5	16,5	17,5	16,0	21	18,5	23	19,5
	I_n	16	13	16	13	16	16	16	13	20	16	20	16
2,5	I_z	21	19	19,5	18,5	25	22	24	21	29	25	32	27
	I_n	20	16	16	16	25	20	20	20	25	25	25	25
4	I_z	28	25	27	24	34	30	32	29	38	35	42	36
	I_n	25	25	25	20	32	25	25	25	35	35	35	35
6	I_z	36	33	34	31	43	38	40	36	49	43	54	46
	I_n	35	32	32	25	40	35	35	35	40	40	50	40
10	I_z	49	45	46	41	60	53	55	50	67	63	74	64
	I_n	40	40	40	40	50	50	50	50	63	63	63	63
16	I_z	65	59	60	55	81	72	73	66	90	81	100	85
	I_n	63	50	50	50	80	63	63	63	80	80	80	80

Tabelle 3

Umrechnungsfaktoren f_2 für gehäuft verlegte Leitungen

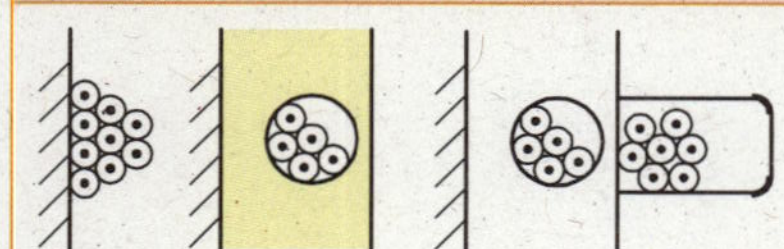

Zahl mehradriger Leitungen mit 2 oder 3 Strom führenden Leitern	1	2	3	4	5	6	7	8	9	10	12	14	16	18	20
Umrechnungsfaktoren f_2	1	0,8	0,7	0,65	0,6	0,57	0,54	0,52	0,5	0,48	0,45	0,43	0,41	0,39	0,38

Tabelle 4

Umrechnungsfaktoren f_3 für abweichenden Umgebungstemperaturen

Umgebungstemperatur in °C	10	15	20	25	30	35	40	45	50	55	60
Umrechnungsfaktoren f_3	1,15	1,11	1,06	1,00	0,95	0,87	0,82	0,75	0,67	0,58	0,47

Wichtig: Man geht international einheitlich von einer Umgebungstemperatur von 25 °C aus. Bei erhöhter Wärmeentwicklung und veränderten Wärmebedingungen sind die Strombelastbarkeitswerte zu korrigieren.

9.6 Beratung zu einer thermischen Solaranlage

Eine Familie interessiert sich für eine thermische Solaranlage zur Erwärmung von Trinkwasser. Sie bittet Sie um Informationen darüber, welche Vorteile eine solche Anlage hat und wie sie im Prinzip funktioniert.

Abbildung: Viessmann Werke

Aufgabe 1

Zuerst sollen Sie erklären, welche Vorteile sich aus der Nutzung einer thermischen Solaranlage für die Familie ergeben können. Argumentieren Sie im Hinblick auf Kosteneinsparung und Umweltschutz.

Aufgabe 2

Nun äußert Ihre Kundin den Einwand, dass in ihrer Wohngegend sehr häufig der Himmel bewölkt ist und die Sonne daher häufig gar nicht direkt auf die Kollektoren scheinen kann. Erklären Sie, warum eine thermische Solaranlage auch bei bedecktem Himmel Wärmeenergie liefert. Verwenden Sie dabei die folgenden Begriffe: direkte Strahlung, diffuse Strahlung. (Sonnenenergie)

Aufgabe 3

Der mögliche Ertrag einer Solaranlage unterscheidet sich in Abhängigkeit davon, in welcher Gegend Deutschlands die Anlage aufgebaut ist.

a) Suchen Sie aus der Karte rechts eine Stadt heraus, bei der der höchste bzw. der schlechteste Ertrag zu erwarten ist.

bester Ertrag:

schlechtester Ertrag:

b) Welcher Ertrag wäre am Standort Ihrer Ausbildungsfirma zu erwarten?

Ort:

Ertrag:

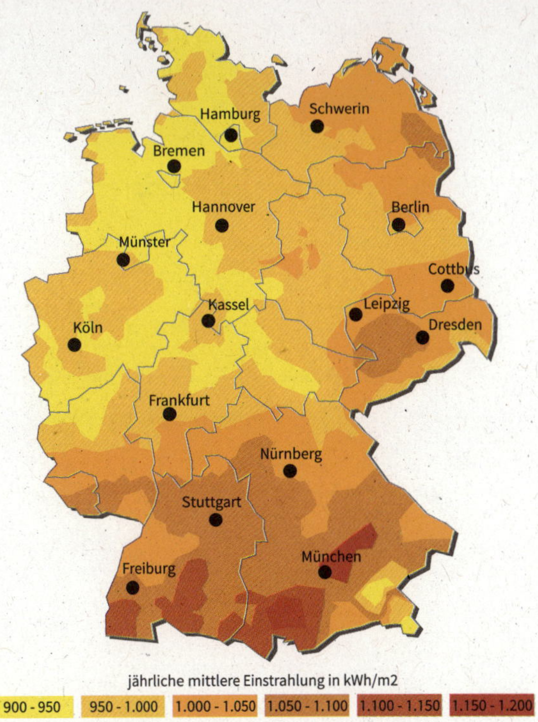

Name Klasse/Gruppe Datum

Aufgabe 4

Ein wichtiges Kriterium bei der Auslegung einer Solaranlage ist der solare Deckungsgrad.

a) Was versteht man unter dem Begriff solarer Deckungsgrad und welcher Deckungsgrad ist für die Trinkwassererwärmung eines Einfamilienhauses üblich?

b) Nach dieser Erklärung fragt Ihr Kunde, ob es nicht besser wäre, einen Deckungsgrad von 100 % zu planen.

Rechts sehen Sie ein Diagramm, das die zur Warmwasserbereitung erforderliche Energiemenge sowie die Energiemenge, die eine Solaranlage bei 60 % Deckungsgrad liefern würde, zeigt.

1. Schraffieren Sie den Teil der zur Warmwasserbereitung erforderlichen Energiemenge, der konventionell nachgeheizt werden muss, blau.
2. Schraffieren Sie den Teil der von der Solaranlage gelieferten Energie, die nicht zur Warmwasserbereitung benötigt wird, rot.
3. Verschieben Sie die Kurve der von der Solaranlage gelieferten Energiemenge so, dass ein Deckungsgrad von 100 % erreicht wird.
4. Schraffieren Sie nun den Teil der von der Solaranlage gelieferten Energie, die nicht zur Warmwasserbereitung benötigt wird, in einer anderen Farbe.

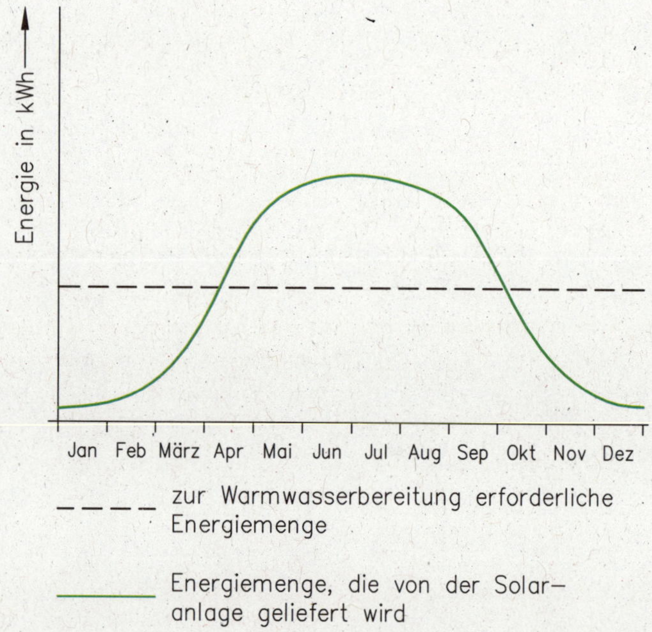

c) Wie müsste die Anlage in der Praxis verändert werden, um einen Deckungsgrad von 100 % zu erreichen?

d) Erklären Sie, warum ein Deckungsgrad von 100 % nicht wirtschaftlich ist.

Name Klasse/Gruppe Datum

Aufgabe 5

Rechts ist eine stark vereinfachte Darstellung einer thermischen Solaranlage zur Trinkwarmwasserbereitung abgebildet.

a) Erklären Sie die Funktion, machen Sie dabei deutlich, wie die Energie des Sonnenlichts umgewandelt und transportiert wird, um als gespeicherte Energie im Warmwasser dem Nutzer zur Verfügung zu stehen. (Gehen Sie dabei noch nicht auf die erforderliche Regelung ein.)

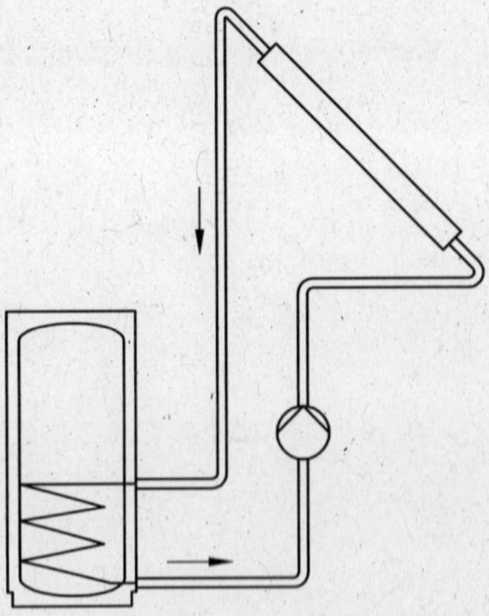

b) Damit die Anlage korrekt funktioniert, muss eine Regelung die Pumpe sinnvoll ein- und ausschalten. Eine ganz einfache Regelung benötigt zwei Temperaturfühler. Ergänzen Sie in der Zeichnung oben, wo diese Fühler platziert werden müssen, und bezeichnen Sie die Fühler mit 1 und 2.

c) Beschreiben Sie nun, wie die Regelung im Prinzip arbeitet, indem Sie für die genannte Temperaturkombination der Fühler angeben, ob die Pumpe ein- oder ausgeschaltet wird.

Wenn Fühler 1 eine niedrigere Temperatur als Fühler 2 misst, ist die Pumpe ______________.

Wenn Fühler 2 eine niedrigere Temperatur als Fühler 1 misst, ist die Pumpe ______________.

d) Zusätzlich muss die Regelung noch einen weiteren Schaltvorgang regeln. Welcher Fühler ist abzufragen und wie ist die Pumpe zu schalten?

Aufgabe 6

Für Solaranlagen werden heute hauptsächlich zwei verschiedene Kollektorarten verwendet. Welche Kollektorarten unterscheidet man? (Sonnenkollektoren)

Aufgabe 7

Wichtig für den Ertrag der Kollektoren ist deren Ausrichtung.

a) Welche Ausrichtung liefert den besten Ertrag?

b) Warum ist das so?

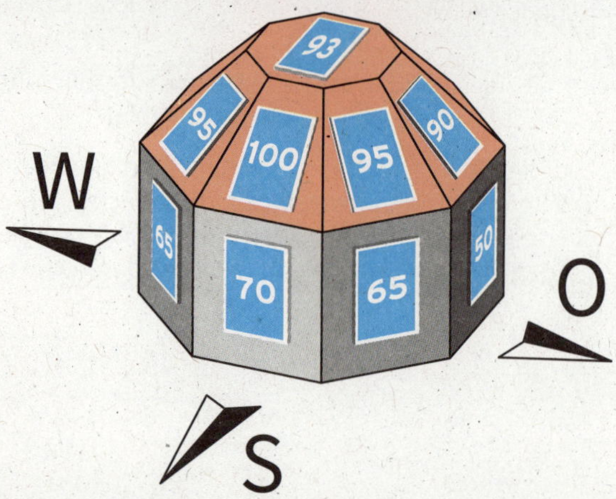

prozentuale Abweichung der Einstrahlung vom Optimum (100 %) in Abhängigkeit von der Südausrichtung und dem Neigungswinkel (Abweichung bei Westausrichtung wie bei Ostausrichtung)

c) Welcher Neigungswinkel ist optimal?

d) In einem Praxisbericht lesen Sie dass es den Gesamtwirkungsgrad der Anlage verbessern kann, wenn die Kollektoren steiler (60°) gestellt werden. Überlegen Sie, wie es zu dieser Aussage kommen kann. Beachten Sie dabei den unterschiedlich hohen Sonnenstand im Sommer und im Winter.

e) Hier noch ein Beispiel aus der Praxis: Ein Gebäude mit Satteldach hat einen First in Nord-Süd-Ausrichtung, also keine Dachfläche in Südrichtung. Anstelle der drei Kollektoren, die man bei Südausrichtung installiert hätte, wurden zwei Kollektoren auf dem Westdach und zwei Kollektoren auf dem Ostdach installiert. Die Anlage funktioniert zur Zufriedenheit der Kundschaft. Überlegen Sie, warum die Anlage zufriedenstellend arbeitet. Bedenken Sie dabei auch das Nutzungsverhalten.

Name Klasse/Gruppe Datum

Aufgabe 8

Kollektoren werden häufig auf schrägen Dachflächen installiert. Hier müssen Sie zu ihrem Schutz bestimmte Sicherheitsmaßnahmen beachten.

Sie sollen Kollektoren auf dem Dach eines Einfamilienhauses installieren. Die Dachneigung beträgt 40°, die Traufhöhe (Dachrinne) beträgt 2,50 m.

a) Dürfen Sie auf diesem Dach ohne zusätzliche Sicherheitseinrichtungen arbeiten? Begründen Sie Ihre Aussage. (Unfallverhütung)

b) Wenn Sie den Kollektor in der Nähe des Ortgangs (Dachseite zum Giebel) installieren, könnte sich bei dem Dach eine Absturzhöhe von 6 Metern ergeben. Welche Maßnahme können Sie jetzt zu Ihrer persönlichen Sicherung anwenden?

Aufgabe 9

Legen Sie die Solaranlage nach dem Nomogramm aus.
Es gelten für Ihr Projekt folgende Angaben:

5 Personen; 50 l/Tag; 60 % Deckungsgrad; Klimazone 1; Dachausrichtung Süd; Dachneigung 40°

Speichergröße:

Anzahl der Kollektoren:

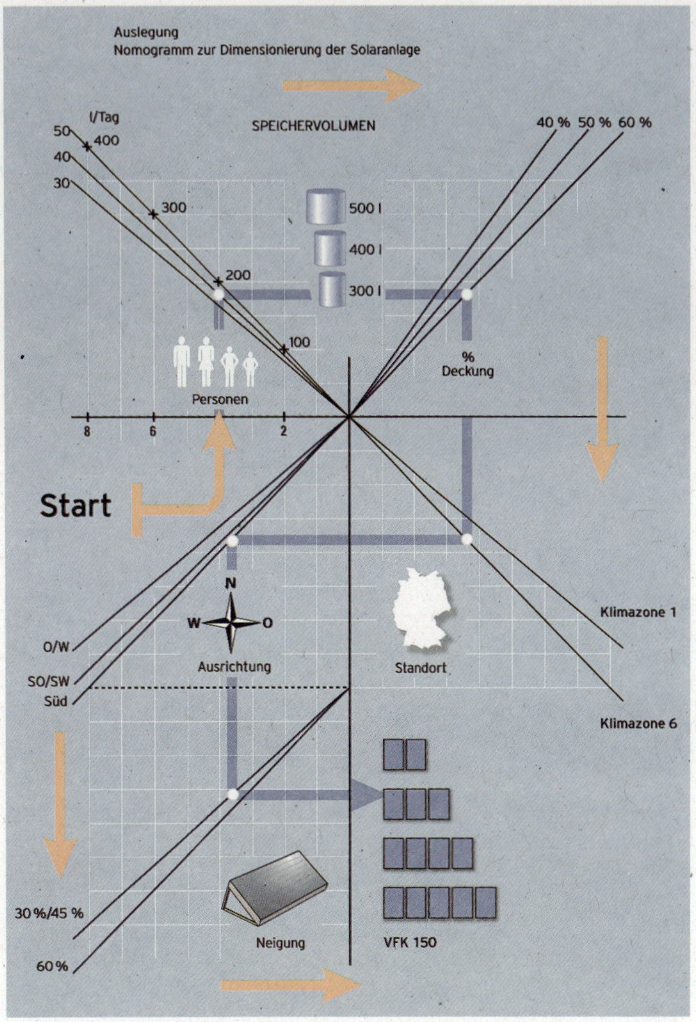

Name
Klasse/Gruppe
Datum

Aufgabe 10

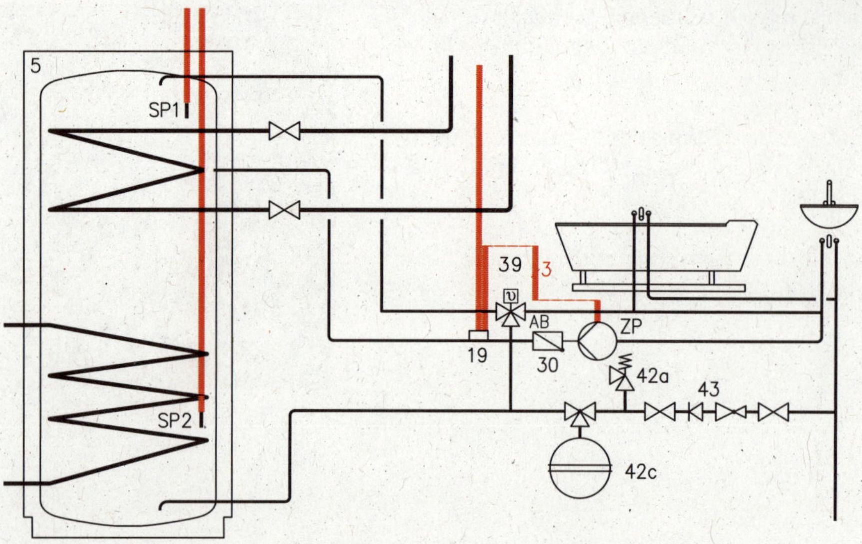

Oben sehen Sie einen Ausschnitt aus dem Hydraulikschema einer klassischen Solaranlage.

a) Erklären Sie die Funktion der Speichererwärmung. Gehen Sie dabei insbesondere darauf ein, warum der Speicher zwei Wärmetauscher hat und wie diese jeweils beheizt werden. (Wärmespeicher)

b) In dem Hydraulikschema ist bei „39" ein Mischer eingezeichnet. Warum ist dieser Mischer erforderlich?

c) Um viel Energie zu speichern, wäre es sinnvoll, einen Speicher mit möglichst großem Inhalt aufzustellen. Was spricht gegen einen 500-l-Trinkwasserspeicher in einem Einfamilienhaus?

Name Klasse/Gruppe Datum

9.7 Warmwasserbereitung mittels Pufferspeicher/Zirkulation

Wenn mehrere Wärmequellen zur Bereitstellung der benötigten Wärmeenergie genutzt werden sollen, so muss in der Regel ein Pufferspeicher eingebaut werden.

Dabei sind zwei Varianten üblich:
- Pufferspeicher mit eingebautem Edelstahlwellrohrwärmetauscher oder
- Pufferspeicher mit Trinkwarmwasserstation

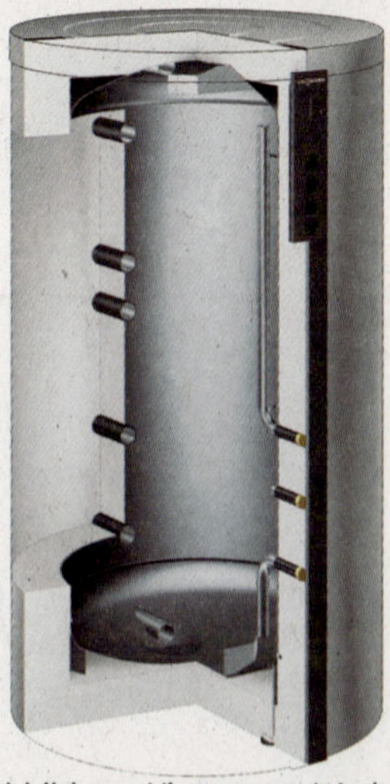

Abbildung: Viessmann Werke

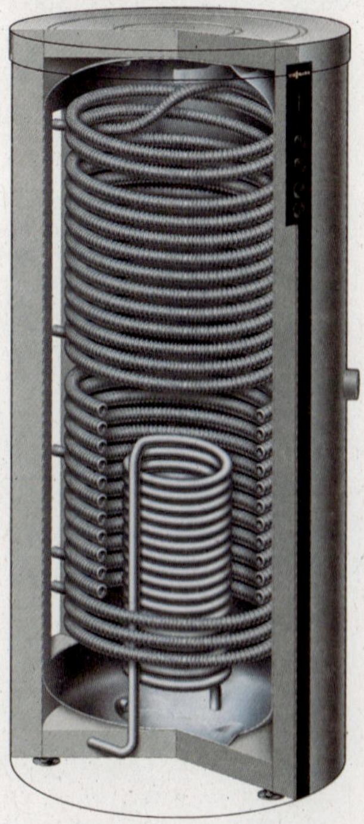

Abbildung: Viessmann Werke

Aufgabe 1

Erklären Sie Ihre Kundin den Unterschied zwischen der konventionellen Trinkwarmwasserbereitung in einem Trinkwarmwasserspeicher und der Trinkwarmwasserbereitung mit einem Pufferspeicher.

Als Hilfe ist die konventionelle Trinkwassererwärmung schon beschrieben:

Bei der konventionellen Trinkwassererwärmung ist der Speicher mit Trinkwasser gefüllt. Dieses Trinkwasser wird, z. B. mit Heizungswasser, auf die gewünschte Temperatur erwärmt. Es wird also der gesamte Speicherinhalt auf die gewünschte Trinkwassertemperatur erwärmt.

Pufferspeicher mit Edelstahlwellrohr:

Zu Ihrer Unterstützung sehen Sie hier zwei Prinzipdarstellungen einer Trinkwarmwasserstation:

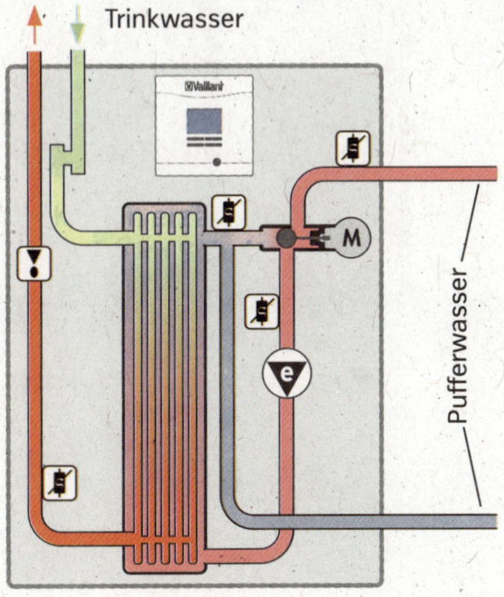

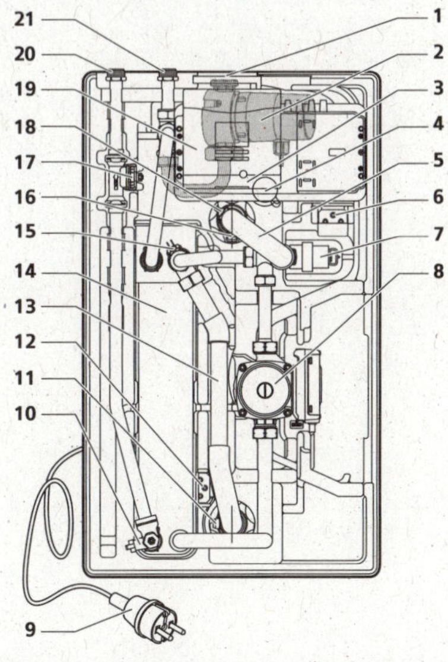

1 Anschluss Zirkulationspumpe (optional)
2 Zirkulationspumpe
3 Blende
4 Kabeldurchführung
5 Vorlauf Pufferkreis
6 Halterung für Sicherungsschraube
7 Mischer
8 Umwälzpumpe Pufferkreis
9 Netzstecker
10 Warmwassertemperaturfühler
11 Absperrventil Rücklauf
12 Halterung für Sicherungsschraube
13 Rücklauf Pufferkreis
14 Plattenwärmetauscher
15 Rücklauftemperaturfühler Pufferkreis
16 Absperrventil Vorlauf
17 Durchflusssensor
18 Vorlauftemperaturfühler Pufferkreis
19 DIA
20 Warmwasseranschluss
21 Kaltwasseranschluss

Pufferspeicher mit Trinkwarmwasserstation:

Aufgabe 2

Ein Problem bei der Trinkwarmwassererwärmung ist das Legionellenwachstum. Erklären Sie Ihrem Kunden die Vorteile der Systeme „Wellrohr" und „Trinkwasserstation" gegenüber einem konventionellen Trinkwarmwasserspeicher mit z. B. 130 l Inhalt. (Das Wellrohr hat einen Inhalt von ca. 30 l, der Plattenwärmetauscher hat einen Inhalt von ca. 1 l.) Welches System halten Sie in dieser Situation für das beste?

Aufgabe 3

Im „Wellrohrspeicher" kann das Trinkwarmwasser mit der Temperatur des Heizungswassers (z. B. 90 °C) austreten.

a) Kann das Wasser mit dieser Temperatur in das Trinkwarmwassernetz eingespeist werden? Begründen Sie Ihre Aussage.

b) Rechts sehen Sie ein Hydraulikschema. Welche Armatur wurde hier vorgesehen, um das oben genannte Problem zu lösen? Markieren Sie die Armatur im Hydraulikschema und erklären Sie ihre Funktion.

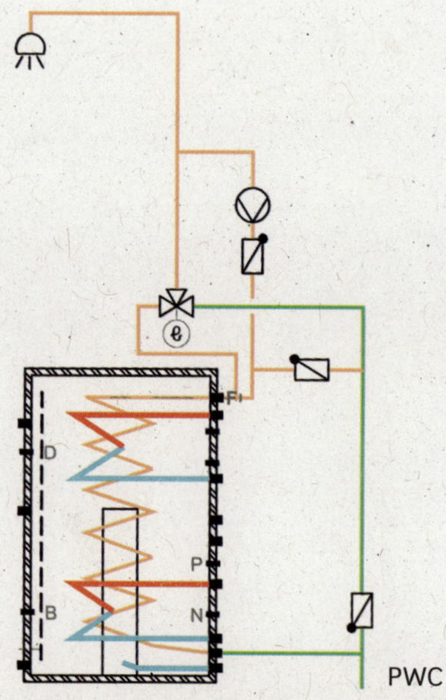

Name Klasse/Gruppe Datum

c) Rechts sehen Sie die Darstellung einer Trinkwarmwasserstation. Wie wird dafür gesorgt, dass die Trinkwarmwassertemperatur z. B. 55 °C nicht überschreitet?

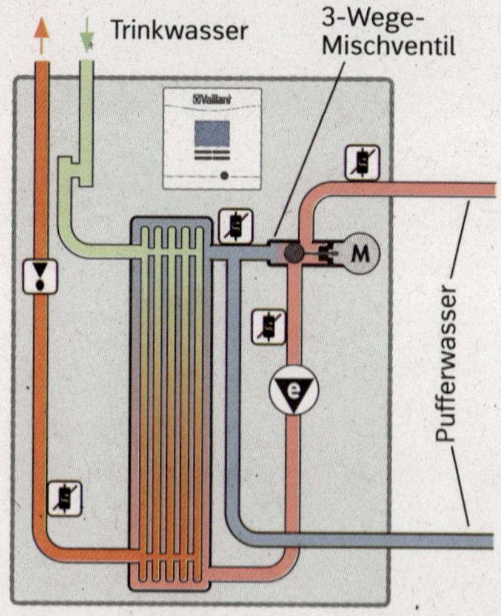

Aufgabe 4

Ab bestimmten Temperaturen kann es in bei manchen Trinkwässern zu „Steinbildung" kommen.

a) Ab welcher Wassertemperatur besteht eine erhöhte Gefahr?

b) Welche der in Aufgabe 3 beschriebenen Mischeinrichtungen ist zur Vermeidung der „Steinbildung" besser geeignet? Begründen Sie Ihre Aussage.

Aufgabe 5

Bei beiden Varianten der Trinkwarmwasserbereitung ist es möglich, eine Zirkulationsleitung vorzusehen.
Es gibt eine Regel, nach der entschieden werden sollte, ob eine Zirkulation vorgesehen werden sollte oder ob darauf verzichtet werden kann. Nennen Sie diese Regel.

Aufgabe 6

Ihre Kundin fragt Sie nach Vor- und Nachteilen einer Zirkulation.

Vorteile:

Nachteile:

Aufgabe 7

Nun fragt Sie Ihr Kunde, wie lange er warten muss, bis 3 l Wasser aus einer Waschtischmischbatterie ausgeströmt sind.
Berechnen Sie die Zeit in Sekunden, bis 3 l Wasser ausgeströmt sind. Die Batterie hat einen Auslaufvolumenstrom von 8 l/min.

gesucht:

gegeben:

Lösung:

Aufgabe 8

a) Wenn Sie keine Zirkulation vorsehen, wird das Warmwasser in den Verteilleitungen irgendwann abkühlen. Mit welcher Temperatur wird das Wasser dann aus der Zapfarmatur austreten?

b) Wenn Sie eine Zirkulation verlegen und die Anlage in Betrieb ist, haben Sie einen ständigen Energieverlust. Wovon ist dessen Höhe abhängig?

Aufgabe 9

Bestimmen Sie überschlägig den zu erwartenden Energieverlust der zirkulierten Trinkwarmwasseranlage. Nehmen Sie für die Rohre einen Wärmeverlust von 7 W/m an, die gesamte durchströmte Rohrlänge beträgt 24 m.

gesucht:

gegeben:

Lösung:

Name Klasse/Gruppe Datum

10.1 Beratung zu gasförmigen Brennstoffen

Bei Ihrer Kundschaft soll eine Gasheizanlage installiert werden. Sie kennt sich mit Gas als Brenntoff für eine Heizanlage nicht aus. Sie sollen die Besonderheiten einer solchen Anlage erklären.

Aufgabe 1

Informieren Sie sich, welche gasförmigen Brennstoffe der Netzbetreiber/ Grundversorger am Standort Ihres Ausbildungsberiebes anbietet.

Aufgabe 2

Ihr Kunde hat sich im Internet zu den Gastarifen informiert. Dabei ist er auf die folgende Information gestoßen.

„Der Gaszähler gibt die Verbrauchsmenge in Kubikmeter (m^3) an. Abgerechnet wird die Nutzenergie in Kilowattstunden (kWh). Wie wird umgerechnet? Dazu werden die Zustandszahl und der Brennwert genutzt. Die Zustandszahl Z beschreibt den Zustand eines Gases, **der durch Druck und Temperatur bestimmt wird**. Sie ergibt sich aus dem Verhältnis von Volumen im Normzustand V_n zu Volumen im Betriebszustand V_b. Der Druck, mit dem das Gas durch die Leitung transportiert wird, beträgt 21 mbar. Der Brennwert ist das Maß für den Energiegehalt des gelieferten Gases. Er gibt an, wie viel kWh Nutzenergie in einem Normkubikmeter Gas enthalten sind."

a) Welche Temperatur und welcher Druck gelten im Normzustand?

Normtemperatur: ____________ Normdruck: ____________

b) Welche Temperatur und welcher Druck gelten im Betriebszustand?

Bertiebstemperatur: ____________ Betriebsdruck: (Luftdruck 1013 mbar, Überdruck in der Leitung: 21 mbar)

____

c) Liegen bei Ihrer Kundschaft beim Betrieb der Anlage wirklich die Werte des Betriebszustands vor? Erläutern Sie Ihre Antwort.

d) Die Kundin versteht nicht, wie 1000 dm^3 von dem gleichen Gas, abhängig von der Temperatur des Gases, einen unterschiedlichen Energiegehalt haben können.
Argumentieren Sie, um ihr diese Tatsache zu erklären.
Berechnen Sie dafür zuerst mit der allgemeinen Gasgleichung die Volumenänderung. Es gelten folgende Bedingungen: Ausgangstemperatur 10 °C, Endtemperatur 20 °C, der Druck soll konstant bleiben.

gesucht:

gegeben:

Lösung:

Argumentation:

Aufgabe 3

Es gibt die verschiedensten Gase, mit denen die Heizanlage der Kundschaft betrieben werden könnte.
Gase werden in Gasfamilien eingeteilt.
Ordnen Sie den Gasfamilien jeweils Gasbeispiele zu und nennen Sie jeweils eine Eigenschaft.

	Gasbeispiel	Eigenschaft
1. Gasfamilie (S)		
2. Gasfamilie (N)		
3. Gasfamilie (F)		
4. Gasfamilie		

Aufgabe 4

Ein weiterer Fachbegriff für die Nutzung von Gasen ist der „Wobbe-Index".
Welche Information gibt Ihnen der Wobbe-Index?

Name Klasse/Gruppe Datum

Aufgabe 5

Im Privatbereich wird in Deutschland hauptsächlich Erdgas als Heizgas genutzt.
Erdgas besteht hauptsächlich aus Methan (CH_4).

Aus welchen chemischen Elementen besteht Methan?

C = ______ H = ______

Aufgabe 6

Unter Verbrennung versteht man die chemische Reaktion des Brennstoffs mit Sauerstoff.

Welche Stoffe entstehen jeweils bei der chemischen Reaktion mit Sauerstoff? (Geben Sie auch jeweils die chemische Kurzbezeichnung an.)

Kohlenstoff + Sauerstoff = ______

C + ______ = ______

Wasserstoff + Sauerstoff = ______

______ + ______ = ______

Aufgabe 7

An klaren Wintertagen bildet sich an Gebäuden mit einer Gasheizung an der Austrittöffnung der Abgasanlage häufig eine weißliche Wolke.

a) Welchen Stoff sehen Sie dort als weißliche Wolke?

______

b) Wo ist dieser Stoff entstanden?

______

______

Aufgabe 8

Für die Verbrennung benötigt man Sauerstoff, dem Wärmeerzeuger wird aber kein reiner Sauerstoff, sondern Luft aus der Umgebung zugeführt.
Aus welchem Stoff besteht Luft hauptsächlich?

Bezeichnung: ______ Chemisches Kurzzeichen: ______

Anteil in der Luft: ______

Name Klasse/Gruppe Datum

Aufgabe 9

Im Brennraum kann auch der Stickstoff mit dem Sauerstoff reagieren.
Welche chemischen Verbindungen entstehen hier?

Bezeichnung: ______________________ Chemisches Kurzzeichen: ______________

Aufgabe 10

Es entsteht ein großes Problem, wenn bei der Verbrennung zu wenig Sauerstoff (Luft) zugeführt wird.

a) Welche chemische Verbindung entsteht bei Sauerstoffmangel?

Bezeichnung: ______________________ Chemisches Kurzzeichen: ______________

b) Warum sollte diese chemische Verbindung im Gegensatz zu CO_2 auf keinem Fall in größeren Mengen entstehen?

Aufgabe 11

Wenn bei der Verbrennung zu wenig Luft zugeführt wird, entstehen also große Probleme. Allerdings kann man zur Lösung dieses Problems nicht beliebig viel Luft zuführen.
Bei einer zu großen Luftzufuhr verschlechtert sich z. B. der Wirkungsgrad der Geräte. Erklären Sie Ihrer Kundin den Zusammenhang zwischen Luftzufuhr und Wirkungsgrad.

Aufgabe 12

In der Praxis darf also auf keinen Fall zu wenig Luft und möglichst nicht zu viel Luft zur Verbrennung zugeführt werden.

a) Erklären Sie die folgenden Begriffe:

Theoretischer Luftbedarf: ______________________

Tatsächlicher Luftbedarf: ______________________

b) Für das Verhältnis zwischen tatsächlichem und theoretischem Luftbedarf gibt es einen Fachausdruck. Wie wird dieses Verhältnis genannt?

10.2 Beratung zum Thema Heizwert/Brennwert

In einem Einfamilienhaus ist ein älteres Wandheizgerät defekt und soll ersetzt werden. Das vorhandene Gerät ist ein Heizwertgerät, als Ersatzgerät soll ein Brennwertgerät installiert werden. Die Installation des Brennwertgeräts verursacht mehr Kosten, als wenn nur ein neues Heizwertgerät installiert werden würde. Ihr Kunde möchte von Ihnen wissen, worin für ihn der Vorteil der Brennwerttechnik liegt.

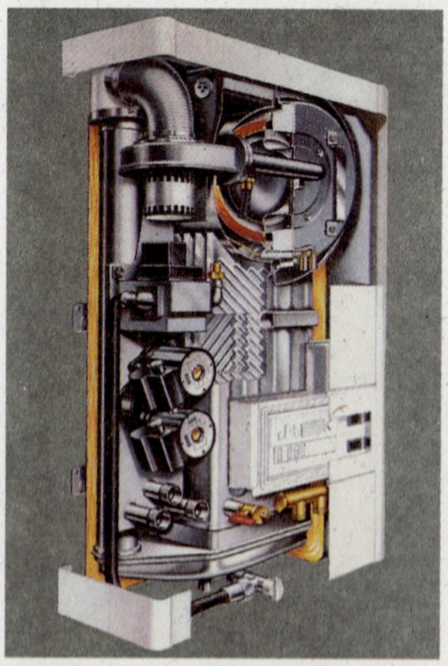

Abbildung: Viessmann Werke

Aufgabe 1

Für den Kunden ist es wichtig, dass Sie ihm zunächst den Unterschied zwischen Heizwert und Brennwert bei Gas deutlich machen.

a) Erklären Sie den Begriff Brennwert:

b) Welches Kurzzeichen wird für den Brennwert benutzt? ______

c) Erklären Sie den Begriff Heizwert:

d) Welches Kurzzeichen wird für den Heizwert benutzt? ______

Aufgabe 2

Um Ihrem Kunden den Unterschied deutlich zu machen, führen Sie für ihn folgende Berechnungen durch: Welche Wärmemenge wird frei, wenn jeweils 2 m^3 Erdgas E verbrannt werden? (Verbrennungswärme)

a) bei Ausnutzung des Heizwerts

gesucht:

gegeben:

Lösung:

b) bei Ausnutzung des Brennwerts

gesucht:

gegeben:

Lösung:

Aufgabe 3

In der Praxis rechnet man nicht mit dem Brennwert/Heizwert, sondern mit dem Betriebsbrennwert beziehungsweise dem Betriebsheizwert.

a) Was ist der Unterschied zwischen Brennwert und Betriebsbrennwert?

b) Wo erfahren Sie den Betriebsbrennwert des Gases, mit dem der Kunde versorgt wird?

Aufgabe 4

Im vergangenen Jahr hatte die Familie einen Gasverbrauch von 2720 m³. Der Gaspreis beträgt 0,57 € pro Kubikmeter. Welche Einsparung ergibt sich für die Familie je Jahr, wenn Sie nur den Unterschied zwischen Heizwert und Brennwert betrachten? Das Gas der Familie hat einen H_{sB} von 10,37 kWh/m^3 und einen H_{iB} von 9,67 kWh/m^3.

gesucht:

gegeben:

Lösung:

Aufgabe 5

Wichtig für die Unterscheidung zwischen Heizwert und Brennwert ist die Kondensation des in den Abgasen enthaltenen Wassers. Die Kondensation beginnt bei der sogenannten Taupunkttemperatur.

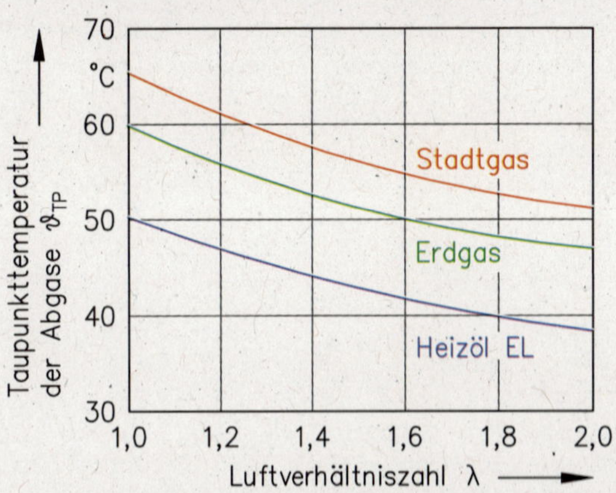

a) Wie hoch ist die Taupunkttemperatur bei der Verbrennung von Erdgas, wenn

– ein Brennwertgerät mit λ = 1,2 betrieben wird?

– ein Heizwertgerät mit λ = 2,0 betrieben wird?

b) Die Taupunkttemperatur ist bei dem Brennwertgerät also höher als bei dem Heizwertgerät. Ist das für die praktische Nutzung eher sinnvoll oder eher hinderlich?

Argumentation für das Brennwertgerät:

Argumentation für das Heizwertgerät:

Aufgabe 6

Immer wieder hört man die Meinung, dass ein Brennwertgerät am besten bei einer Fußbodenheizung eingesetzt werden kann, während es bei einer Heizungsanlage mit Heizkörpern keinen Sinn macht.
Die Familie hat eine Heizungsanlage mit Plattenheizkörpern, die auf 70/55/20 ausgelegt ist.
Erklären Sie, warum hier trotzdem ein Brennwertgerät sinnvoll ist. (Beachten Sie, dass die 70 °C Vorlauftemperatur nur bei der tiefsten Außentemperatur von zum Beispiel –15 °C nötig sind.)

Name Klasse/Gruppe Datum

Lernfeld 10

Aufgabe 7

Welche Kondensatwassermengen je Stunde sind zu erwarten, wenn ein Brennwertgerät mit 21 kW Nennwärmebelastung mit Erdgas E betrieben wird? H_{sB} = 10,37 kWh/m³, Kondensatanfall 1,22 kg/m³ Gas.

gesucht:

gegeben:

Lösung:

Aufgabe 8

Die Abgase des bisher installierten Heizwertgeräts werden über einen Schornstein aus dem Gebäude geführt. Um ein Brennwertgerät zu installieren, würden sie eine Abgasanlage gemäß der Skizze rechts einbauen. Erklären Sie den Unterschied zwischen einer Heizwert- und einer Brennwert-Abgasanlage

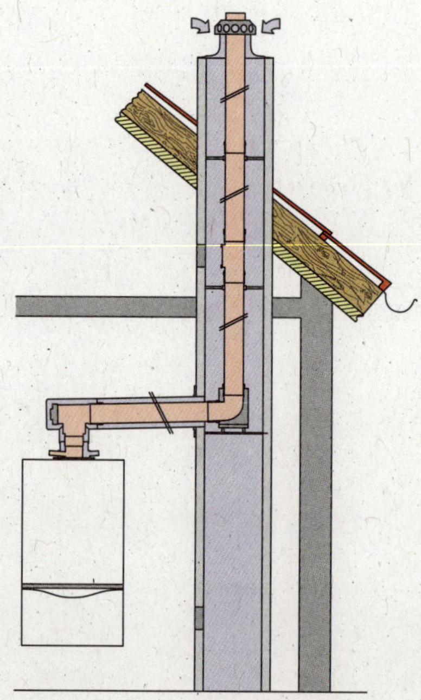

a) hinsichtlich der Kondensation:

b) hinsichtlich des Drucks:

Name Klasse/Gruppe Datum

10.3 Funktion von Gasbrennern

Früher waren Gasbrenner relativ einfach aufgebaut, und auch die Flammenüberwachung war relativ einfach. So konnte bei Störungen eventuell Gas austreten und es kam in schlimmen Fällen zu Explosionen. Daher gibt es bei manchen Menschen heute noch Vorurteile gegenüber Gasgeräten.

Heute müssen Gasbrenner hoch effizient sein, bei der Verbrennung dürfen wenig Schadstoffe entstehen und sie müssen sicher sein.

Aufgabe 1

Wenn man Gas aus einer Öffnung austreten lässt und dann zündet, bildet sich eine relativ große, gelb leuchtende Flamme. In den von Ihnen installierten Gasgeräten verbrennt das Gas in der Regel mit einer relativ kleinen, blauen Flamme.

a) Durch welche technische Maßnahme wird die blaue Flamme erzeugt? (Gasbrenner)

___

b) Wie werden diese Brenner bezeichnet?

___

c) Ergänzen Sie die Zeichnungen.

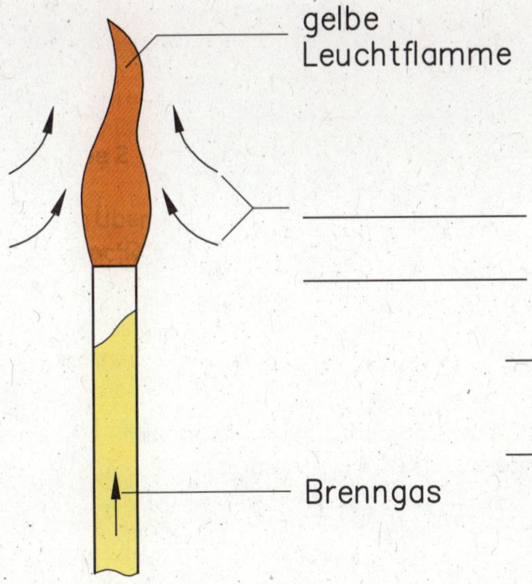

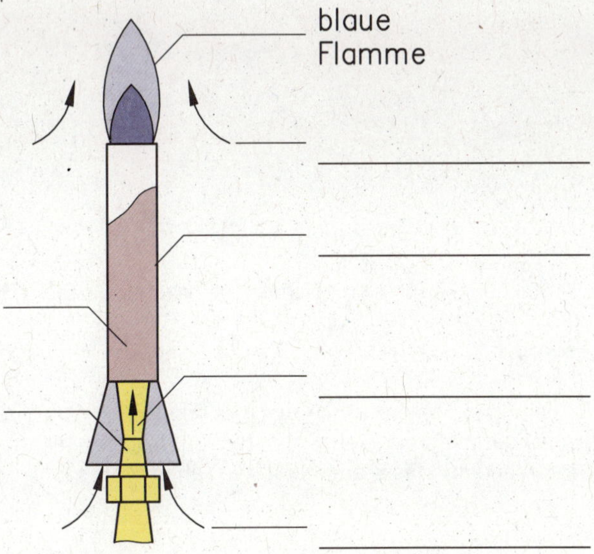

Name Klasse/Gruppe Datum

Aufgabe 2

Nach der Art der Luftzuführung unterscheidet man atmosphärische Brenner (Vormischbrenner ohne Gebläse) und Gebläsebrenner.

a) Erklären Sie, wie die Primärluftzuführung beim atmosphärischen Brenner erfolgt. Benutzen Sie dabei unter anderem folgende Begriffe: Brenngas, Gasdüse, hohe Austrittgeschwindigkeit, Unterdruck, Eingang des Mischrohrs.

b) Wenn man bei Heizgeräten die Verkleidung entfernt, sieht man bei den meisten Geräten zwischen Gasdüse und Beginn des Mischrohrs einen frei zugänglichen Bereich (man kann z. B. einen Finger dazwischen stecken). Warum besteht keine Gefahr, dass hier Gas unkontrolliert austritt?

Aufgabe 3

Immer wieder gibt es Kundinnen und Kunden, die Angst haben, dass bei einem Gasgerät unverbranntes Gras austreten kann und es dann zu einer Explosion kommen kann.
Die meisten modernen Geräte besitzen eine Ionisations-Flammüberwachung, in manchen Geräten gibt es noch eine thermoelektrische Zündsicherung.

a) Erklären Sie das Prinzip der Ionisations-Flammüberwachung.

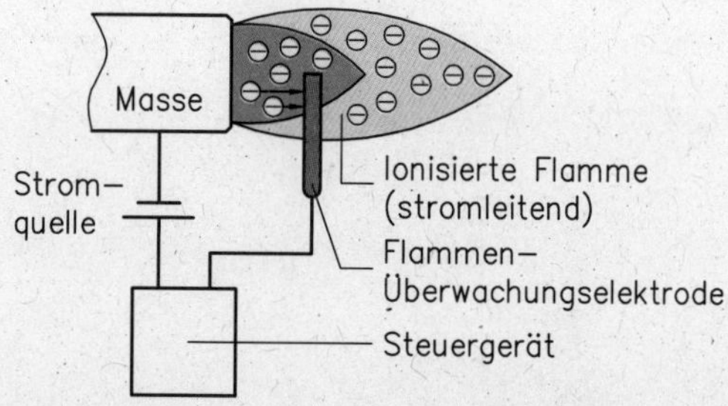

b) Machen Sie Ihrer Kundschaft noch einmal die Sicherheit dieses Systems deutlich.

Beispiel:

Durch einen Fehler hat die Überwachungselektrode direkten Kontakt zum Brenner. Daher würde nun, auch wenn keine Flamme brennt, ein Strom fließen. Trotzdem erkennt das Steuergerät, dass ein Fehler vorliegt.
Woran erkennt das Steuergerät den Fehler?

c) Listen Sie Schritt für Schritt auf, wie der Start des Brenners mit einer Ionisations-Flammüberwachung erfolgt. Geben Sie auch an, was im Störungsfall passiert. (Hinweis: Zusätzliche Informationen finden Sie in Herstellerunterlagen.)

Aufgabe 4

a) Erklären Sie die Funktion des Thermoelements im Zusammenwirken mit dem Haltemagneten. (Zündsicherung)

b) Beschreiben Sie den Start des Brenners bei einer thermoelektrischen Zündsicherung. Beschreiben Sie auch, was passiert, wenn die Flamme, die das Thermoelement erwärmt, verlöscht.

Anzündvorgang:

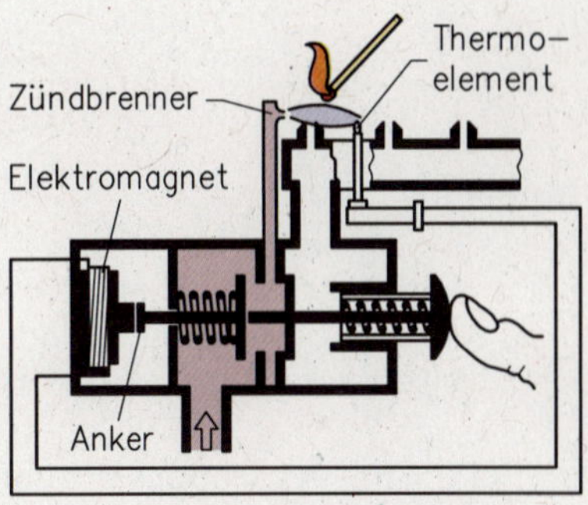

Betriebsstellung:

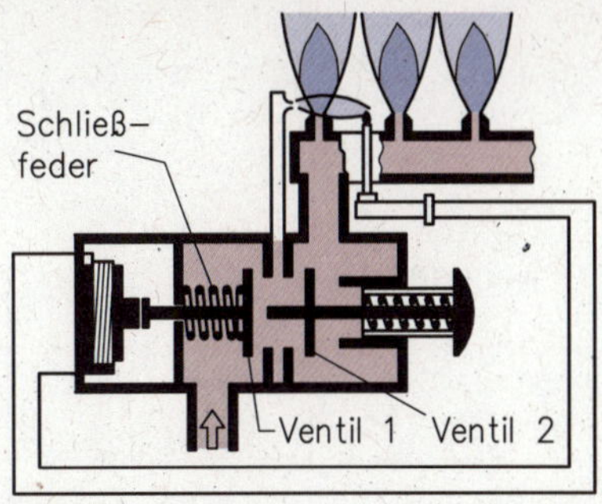

Betriebsstellung

Die Flamme, die das Thermoelement erwärmt, ist erloschen:

Lernfeld 10

Aufgabe 5

Bei modernen Gasbrennern dürfen nur geringe Mengen Stickstoffoxide entstehen.

a) Wie entsteht in der Flamme Stickoxid? Woher kommt der Stickstoff überhaupt?

b) Welche Bedingung sorgt dafür, dass viel Stickoxid entsteht? Was muss also prinzipiell getan werden, um die Stickoxidbildung zu verringern?

c) Nennen Sie technische Lösungen zur Verringerung der Flammtemperatur. (Gasbrenner)

Aufgabe 6

Ein wichtiges Sicherheitsbauteil bei atmosphärischen Brennern ist die Strömungssicherung. Eine Kundin wundert sich, dass hier eine offene Verbindung zwischen der Abgasführung und dem Aufstellraum besteht. Sie fragt Sie, ob nicht die Gefahr besteht, dass hier Abgase austreten.

a) Warum treten bei normalem Betrieb keine Abgase aus der Strömungssicherung aus?

b) Nennen sie Aufgaben der Strömungssicherung.

10.4 Aufstellen von Gasgeräten

Gasheizgeräte müssen nicht unbedingt in einem Keller oder in einem Hauswirtschaftsraum aufgestellt werden. Sie können durchaus in Küchen, Fluren oder Bädern eingebaut werden. Auch kann es sein, dass die Kundschaft einen Gasherd zum Kochen bevorzugt.
Sie müssen dabei aber beachten, dass das eingebaute Gerät sicher funktioniert. Dies gilt auch, wenn Sie an einem vorhandenem Gerät eine Wartung durchführen.

Aufgabe 1

Die technischen Regeln für Gasinstallationen unterscheiden die Gasgerätearten A, B und C.

a) Erklären Sie Ihrer Kundschaft die Unterscheidung. Geben Sie für jede Geräteart ein Beispiel aus der Praxis an.

Geräteart A bedeutet:

Geräteart B bedeutet:

Geräteart C bedeutet:

b) Entschlüsseln Sie die beiden folgenden, in Deutschland für Wandheizgeräte sehr oft benutzten Kürzel:

B_{11BS}

C_{33}

Name Klasse/Gruppe Datum

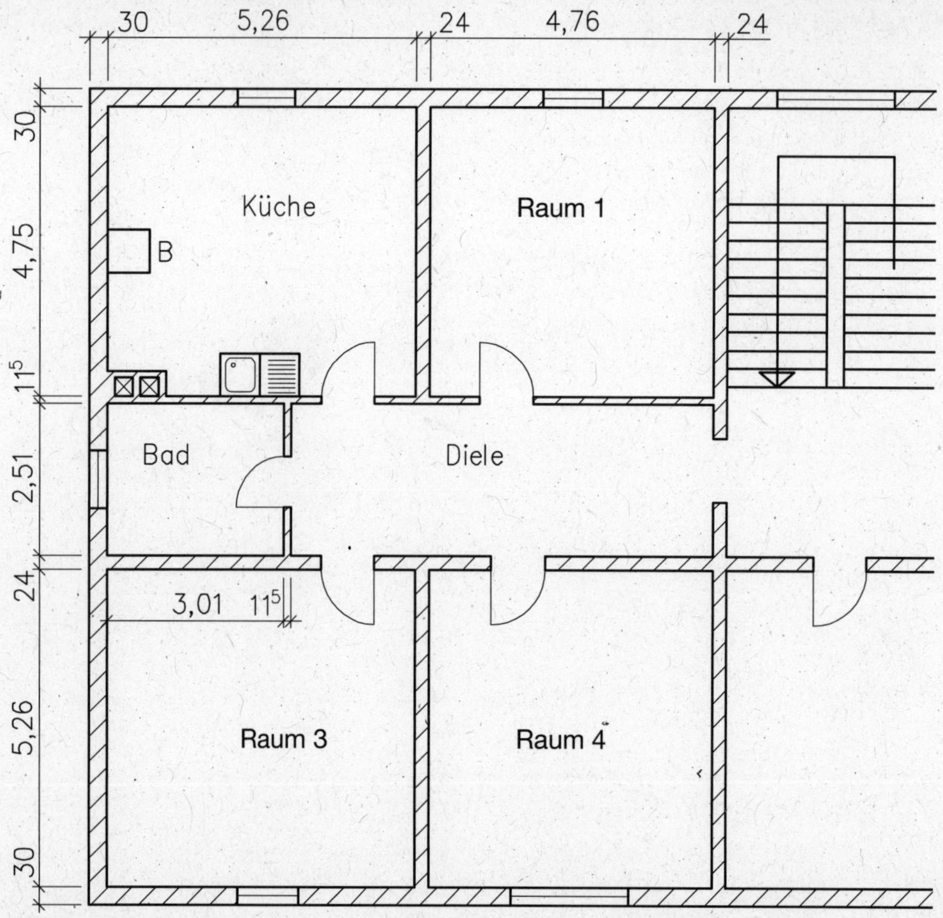

Oben sehen Sie eine Zeichnung der Wohnung, in der die Geräte aufgestellt werden sollen.

Aufgabe 2

Überprüfen Sie zuerst, ob in der Küche ein Gasherd aufgestellt werden kann. Die Kundschaft möchte einen Gasherd mit einer Nennbelastung von 8,6 kW installieren.

a) Welche Regeln gelten gemäß TRGI für das Aufstellen von Gas-Haushalts-Kochgeräten?

b) Berechnen Sie den Rauminhalt der Küche: Die Raumhöhe beträgt 2,5 m, die Abzugsfläche für den Schornstein berücksichtigen Sie nicht.

c) Beurteilen Sie, ob das Gerät aufgestellt werden kann.

Name Klasse/Gruppe Datum

Aufgabe 3

Angenommen, Sie führen eine Wartung an dem Wärmeerzeugungsgerät in der Küche durch. Es ist ein Gerät der Art B_{11} mit 19 kW Nennwärmeleistung installiert. Überprüfen Sie, ob Schutzziel 1 und Schutzziel 2 erfüllt sind.

a) Erklären Sie Ihrer Kundschaft den Sinn des Schutzziels 1.

b) Beurteilen Sie, ob das Gerät aufgestellt werden kann.

erforderliches Raumvolumen:

Raumvolumen der Küche:

Beurteilung:

c) Welchen Zweck verfolgt das Schutzziel 2?

d) Beurteilen Sie, ob das Gerät ohne weitere Maßnahmen in dem Raum betrieben werden kann.

erforderliches Raumvolumen:

Raumvolumen der Küche:

Beurteilung:

e) Wenn Schutzziel 2 nicht direkt erreicht wird, gibt es die Möglichkeit des Verbrennungsluftverbunds. Die Türen der Wohnung haben dreiseitig umlaufende Dichtungen und ungekürzte Türblätter. Überprüfen Sie, ob ein Verbrennungsluftverbund möglich ist. Betrachten Sie dabei die Räume Raum 1 und Diele.

Kann die Diele zum unmittelbaren Verbrennungsluftverbund genutzt werden? Begründen Sie Ihre Aussage.

Name Klasse/Gruppe Datum

f) Welche Vorrichtung müsste z. B. an der Tür zwischen Küche und Diele vorhanden sein?

g) Weisen Sie nach, ob der mittelbare Verbrennungsluftverbund mit Raum 1 ausreichend ist.

gesucht:

gegeben:

Lösung:

Aufgabe 4

Wenn also ein Gerät der Art B_{11} aufgestellt wird, ist ein relativ großer Aufwand hinsichtlich der Verbrennungsluftversorgung erforderlich.

a) Welche Regeln hinsichtlich der Raumgröße gelten, wenn Sie stattdessen ein Gerät der Art C_{33} installieren? (Gasgerätearten)

b) Machen Sie einen Vorschlag, wie Sie hier die Zuluftversorgung und die Abluftentsorgung gestalten können. Beachten Sie, dass von der Küche aus zwei Schornsteinzüge zu erreichen sind.

c) Was müssen Sie beachten, wenn es sich bei dem Gebäude um ein Mehrfamilienhaus mit mehreren Wohnungen übereinander handelt?

Name Klasse/Gruppe Datum

10.5 Einstellen und Abgasmessung

Im Versorgungsgebiet soll von Erdgas LL (L) auf Erdgas E (H) umgestellt werden. Sie müssen also ein vorhandenes Gerät umrüsten, neu einstellen und überprüfen, ob die Einstellung zu dem gewünschten Resultat geführt hat.
Zusätzlich müssen Sie u. a. überprüfen, ob die Anlage der BImSchV entspricht.

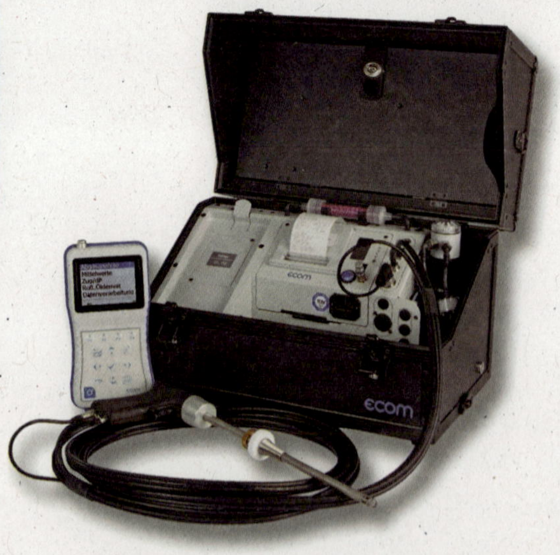

Aufgabe 1

Auf dem Geräteschild des installierten Gasgeräts steht die folgende Angabe:

DE cat II_{2ELL3P}

Was bedeutet diese Angabe?

Aufgabe 2

In der Nähe der Gasarmatur findet sich ein Aufkleber auf dem Sie Folgendes lesen: Eingestellt auf G 25.

a) Was bedeutet G 25? (Näheres finden Sie im Internet z. B. auf der Seite www.linde-gase.de/produkte/pruefgase/pruefgase/G25.html)

b) Welcher Erdgasart entspricht das Prüfgas G 25? Begründen Sie Ihre Aussage.

c) Sie installieren das Gerät in einem Gebiet, das mit Erdgas E versorgt wird. Der Hersteller schreibt dazu einen Austausch der Gasdüsen vor. Werden diese Gasdüsen eine größere oder eine kleinere Öffnung haben als die derzeit im Gerät eingebauten? Begründen Sie Ihre Aussage.

Aufgabe 3

Nachdem Sie nun das Gerät auf die richtige Gasfamilie umgerüstet haben, sollen Sie laut Herstelleranleitung überprüfen, ob der Versorgungsdruck ausreichend ist. Gemäß Herstelleranleitung muss ein Versorgungsdruck von 17 bis 25 mbar vorliegen.
a) Müssen Sie den Ruhedruck oder den Fließdruck überprüfen?

Name Klasse/Gruppe Datum

b) Wie gehen Sie Schritt für Schritt vor, wenn Sie den Anschlussdruck messen? (Nutzen Sie eine Installations- und Wartungsanleitung aus der Klassenbibliothek. Zur Recherche im Internet benötigen Sie meist einen Zugang für „Experten/Fachpartner".)

1) Betriebsanleitung des Herstellers zur Hand nehmen, im Inhaltsverzeichnis „Überprüfen des Anschlussdrucks" heraussuchen. 2) Verkleidung abnehmen. 3)

Aufgabe 4

Nun müssen Sie noch die Nennbelastung überprüfen.

a) Hierzu gibt es prinzipiell zwei verschiedene Methoden. Benennen Sie diese:

b) Erklären Sie warum diese Messung die Voraussetzung für den sinnvollen Betrieb des Geräts ist.

Aufgabe 5

Zum Abschluss führen Sie eine Überprüfung der Abgasverluste nach BImSchV durch.
Es handelt sich um ein Gerät mit 24 kW Nennwärmebelastung.

a) Wie hoch sind die zulässigen Abgasverluste?

b) Sie haben folgende Werte gemessen: Verbrennungslufttemperatur: 20 °C; Abgastemperatur: 70 °C; CO_2: 3,7 %. Berechnen Sie den Abgasverlust und beurteilen Sie, ob das Gerät so betrieben werden kann.

gesucht:

gegeben:

Lösung:

Name Klasse/Gruppe Datum

10.6 Erweiterung einer Gasversorgungsanlage

In einem Gebäude ist bereits ein Gasumlaufwasserheizer installiert, mit dem das Heizwasser und das Trinkwarmwasser erwärmt werden. Im Rahmen einer Renovierung soll die Gasversorgungsanlage erweitert werden. Die Kundschaft möchte, dass in der Küche nachträglich ein Gasherd installiert wird.

Aufgabe 1

In welchem technischen Regelwerk können Sie sich über die, für die Arbeiten an Gasleitungen, gültigen Regeln informieren?

Aufgabe 2

Unten sehen Sie eine Darstellung der Gasversorgungsanlage.

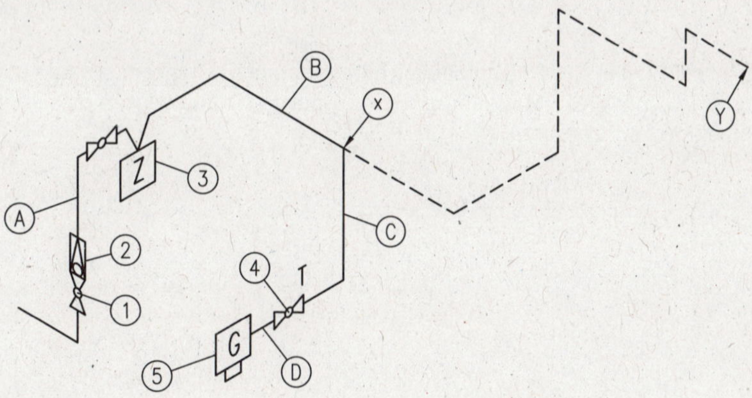

Benennen Sie die gekennzeichneten Einbauteile und Rohrleitungsabschnitte.

Einbauteil/ Rohrabschnitt	Benennung
1	
2	
3	
4	
5	
A	
B	
C	
D	

Name Klasse/Gruppe Datum

Aufgabe 3

Die gestrichelt dargestellt Leitung in der Zeichnung ist die von Ihnen zu verlegende neue Leitung zum Gasherd. An der mit „X" gekennzeichneten Stelle ist ein mit einem Stopfen verschlossenes T-Stück vorhanden, hier können Sie Ihre Leitung einbinden. An der Stelle „Y" ist der Gasherd anzuschließen.

Ergänzen Sie in der Darstellung den Gasherd und seine Anschlussarmatur normgerecht.

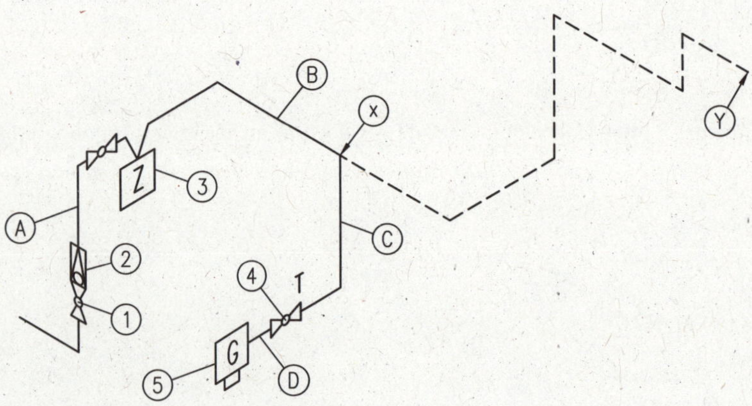

Aufgabe 4

Sie beginnen Ihre Arbeit an der Gasversorgungsanlage mit einer Gebrauchsfähigkeitsprüfung der vorhandenen Anlage. Erklären Sie Ihrem Kunden, warum diese Maßnahme für ihn sinnvoll ist und warum es sinnvoll ist, die Prüfung vor Beginn der sonstigen Arbeiten durchzuführen.

Aufgabe 5

a) Bei der Beurteilung der Gebrauchsfähigkeit müssen Sie zwei Maßnahmen durchführen. Welche sind das?

Maßnahme 1:

Maßnahme 2:

Name Klasse/Gruppe Datum

b) Erklären Sie Ihrer Kundin das Prinzip der Leckmengenmessung.

c) Wie können Sie sich über die praktische Durchführung der Prüfung informieren?

Aufgabe 6

Für die neu zu verlegende Gasinnenleitung gibt es eine Vielzahl von Rohren und Rohrverbindungen. Alle müssen nach DVGW bzw. DIN-DVGW zugelassen sein.
In der folgenden Aufzählung sind einige wichtige Rohrarten und deren Rohrverbindungen ungeordnet aufgeführt: **Pressen, Edelstahlrohr, Hartlöten, Schneidringverschraubung, Gewinderohr M und H, Präzisionsstahlrohr, Gewindeverbindung bis DN 50, Mehrschichtverbundrohr VP362**

Ordnen Sie die genannten Begriffe in die folgende Tabelle ein.

Rohrarten	Rohrverbindungen

Aufgabe 7

Heute werden bei Ein- und Zweifamilienhäusern häufig Gasleitungen aus Kupferrohren verlegt.
a) Nennen Sie Ihrer Kundschaft Vorteile von Kupferrohren.

b) Als Fügeverfahren für das Kupferrohr steht Hartlöten oder Pressen zur Auswahl. Welches Verfahren würden Sie bevorzugen. Begründen Sie Ihre Entscheidung. (Bedenken Sie dabei, dass Sie teilweise in einem möblierten Gebäude arbeiten.)

Aufgabe 8

Teilweise müssen Sie die Leitung in Schellen unter der Decke verlegen. Wenn Sie die Leitung mit Hartlöten verbunden hätten, müssten Sie spezielle Dübel verwenden.
Beim Pressen können Sie „normale" Dübel verwenden.
Erklären Sie den Sinn dieser Vorgehensweise.

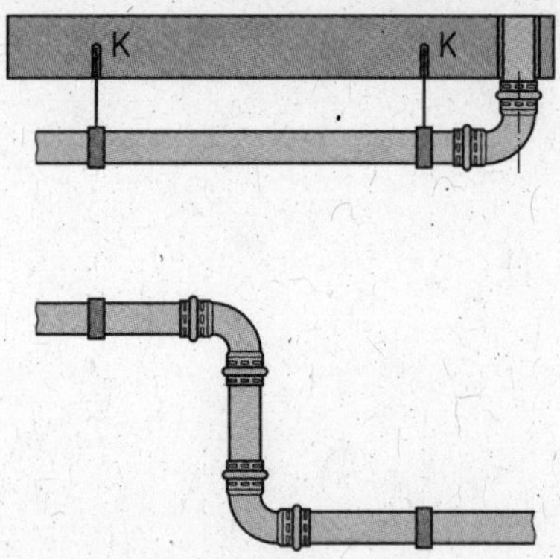

Befestigung mit Kunststoffdübeln (K)
Kupferleitung gepresst

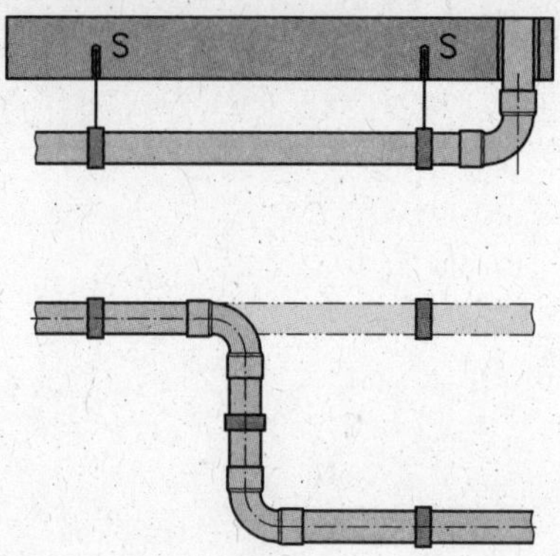

Befestigung mit Metall(Stahl)dübeln (S)
Kupferleitung hartgelötet

Aufgabe 9

Die neue Leitung soll teilweise in einem Schacht verlegt werden.
Nennen Sie Maßnahmen, die Sie vorsehen können, um eine Ansammlung von Gas im Hohlraum zu verhindern.

Aufgabe 10

Der Gasherd soll in eine Kochinsel eingebunden sein, die mitten im Raum steht. Darum soll die Leitung zum Herd im Fußboden verlegt werden.

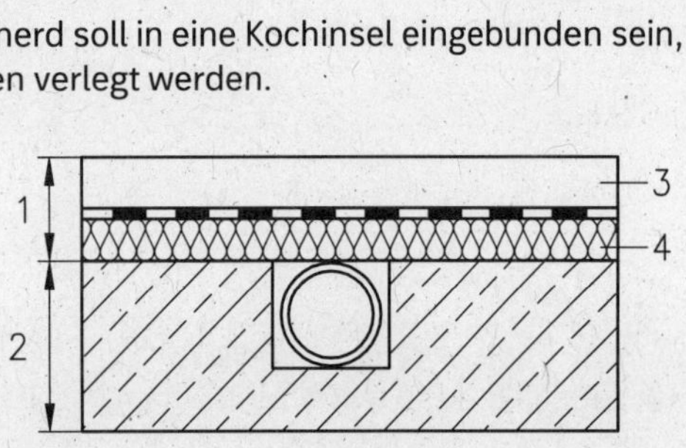

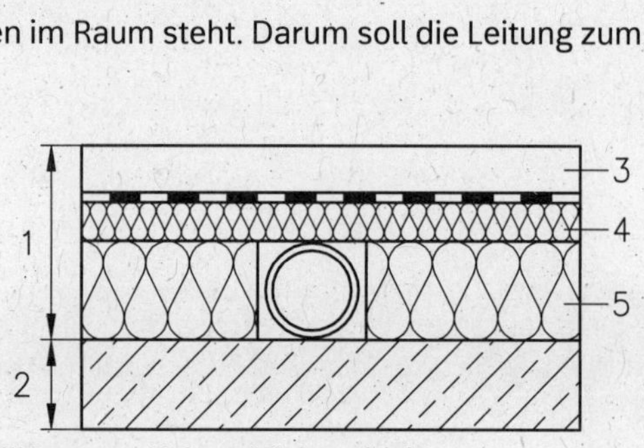

1 Fußbodenaufbau, 2 Rohdecke, 3 Estrich, 4 Trittschalldämmung, 5 Ausgleichsschicht

a) In welchen Aufbaubereichen des Fußbodens ist eine Verlegung der Gasleitung verboten?

b) Welche Verlegemöglichkeiten sind innerhalb des Fußbodenbereichs erlaubt?

c) Was müssen Sie bei der Verlegung hinsichtlich des Korrosionsschutzes beachten? (Innenleitung)

Aufgabe 11

Zum Anschluss des Gasherdes verwenden Sie einen Absperrhahn mit thermisch auslösender Absperrvorrichtung.
Erklären Sie die Funktion der thermisch auslösenden Absperrvorrichtung. (Brandschutzarmaturen)

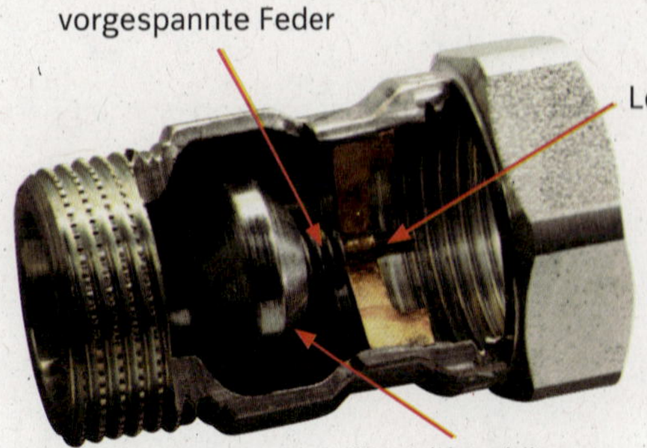

Aufgabe 12

Eine weitere Sicherheitsarmatur ist der Gasströmungswächter.

a) Die folgenden (ungeordneten) Texte beschreiben seine Funktion.
Ordnen Sie die Texte den Abbildungen zu.

1) Bei einer Störung erhöht sich der Durchfluss aufgrund eines Druckabfalls in den nachfolgenden Rohrleitungen gravierend – der Druck vor dem Ventilteller steigt und die Federkraft des Federelements wird überwunden. Durch den Druckabfall p_2 wird der Schließdurchfluss (V_S) erreicht – p_1 schließt den Ventilteller gegen die Federkraft – der Durchfluss wird unterbrochen.
2) Im Normalbetrieb ist der auf den Nennvolumenstrom ausgelegte GS vollständig geöffnet. Der Betriebsvolumenstrom V_N ist stabil, das Δp von p_1 und p_2 konstant.
3) Nach behobener Störung beginnt der Reset (Druckausgleich). Gas strömt durch die Überströmöffnung ($V_ü = 30$ l/h bei V_{Nmax}). Die Drücke p_1 und p_2 gleichen sich aus.

<table>
<tr>
<td>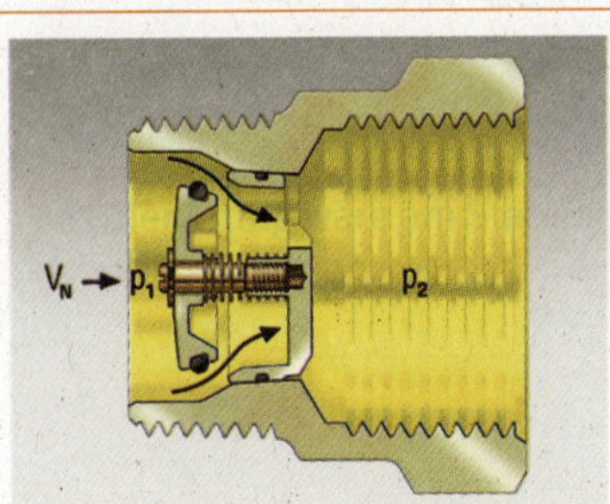
</td>
<td>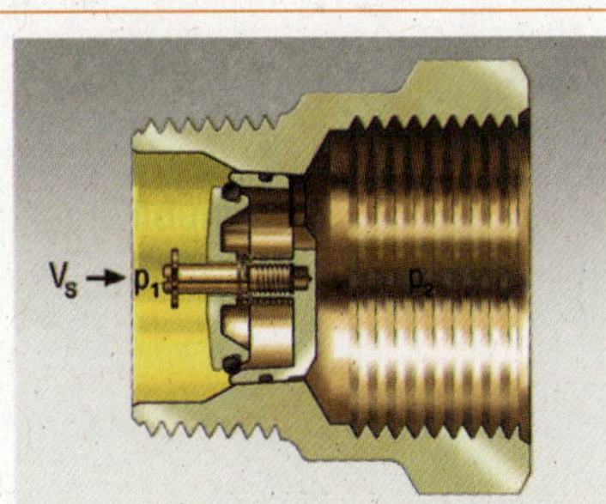
</td>
<td>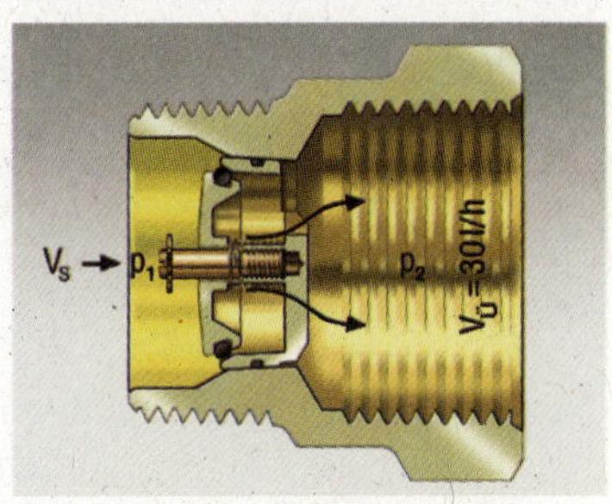
</td>
</tr>
<tr>
<td>Text:</td>
<td>Text:</td>
<td>Text:</td>
</tr>
</table>

Name Klasse/Gruppe Datum

b) Ein Kollege berichtet Ihnen, dass, als er eine Gasleitung in Betrieb nehmen wollte, der Gasströmungswächter schloss und dann „erst einmal nichts mehr ging".
Welchen Fehler hat er wahrscheinlich gemacht? Wie geht man vor, damit das nicht passiert?

c) Was machen Sie, wenn Ihnen ein Schließen des Gasströmungswächters passiert?

Aufgabe 13

Nach Fertigstellung der Gasinstallation müssen Sie die Leitung einer Belastungs- und Dichtheitsprüfung unterziehen. Das Leitungsvolumen ist unter 100 l.

a) In welchem Zustand müssen die Leitungen bei der Prüfung sein?

b) Füllen Sie die Tabelle aus.

	Belastungsprüfung	**Dichtheitsprüfung**
Prüfgas		
Prüfdruck		
Messgenauigkeit		
Anpassungszeit		
Prüfzeit		
dicht, wenn ...		

c) Nachdem Sie Ihre neu verlegte Leitung geprüft haben, müssen Sie diese in die vorhandene Leitung einbinden. Wie überprüfen Sie die Dichtheit dieser Verbindung?

d) Neben der praktischen Durchführung gehört zu der Dichtheitsprüfung noch eine wichtige Tätigkeit. Was ist ein wesentlicher weiterer Bestandteil der Prüfung?

Name Klasse/Gruppe Datum

11.1 Einstellarbeiten am Ölbrenner

Heizöl als Brennstoff ist überall in Deutschland problemlos zu bekommen, die Verbrennung von Heizöl ist seit Jahren eine bekannte Technik und Öl betriebene Heizkessel sind weit verbreitet. Aber ohne korrekte Einstellung kann auch der beste Kessel nicht optimal funktionieren. Am häufigsten werden in Deutschland die „Zerstäubungsbrenner" eingesetzt. Die folgenden Aufgaben beziehen sich auf diesen Brennertyp.

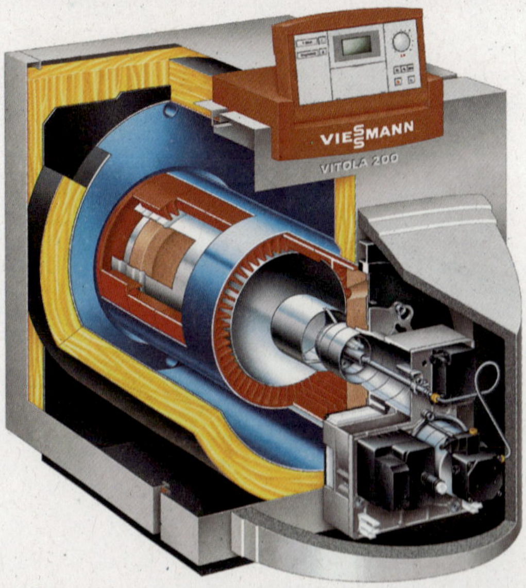

Abbildung: Viessmann Werke

Aufgabe 1

Wenn man Heizöl in eine Schale gießt und ansteckt, so verbrennt es sehr langsam mit einer stark rußenden Flamme. Diese Form der Verbrennung wäre für einen Heizkessel völlig ungeeignet.
Wie führt man Heizöl in den Kessel ein, damit es schnell und sauber verbrennt, und warum verbrennt es in dieser Form besser? (Öl-Zerstäubungsbrenner)

Aufgabe 2

Die Brenner können meist auf verschiedene Leistungen eingestellt werden. Durch welche Veränderung können Sie die Leistung des Brenners und das Verbrennungsverhalten beeinflussen? (Öldurchsatz)

Aufgabe 3

Die Öldüse ist ein Verschleißteil und daher bei einer Wartung auszuwechseln. Sie können sich aber bei älteren Geräten nicht darauf verlassen, dass die eingebaute Düse eine korrekte Düse ist. Wo können Sie sich darüber informieren, welche Düse einzubauen ist?

Aufgabe 4

Bei Universalbrennern, die vor verschiedene Kessel gesetzt werden können, finden Sie in den Unterlagen häufig verschiedene Sprühwinkelangaben für die Düse. Formulieren Sie eine allgemeine Angabe, nach der Sie den Sprühwinkel dann auswählen. (Düsenauswahl)

Je kürzer der Brennraum, umso ______ der Sprühwinkel.

Je länger der Brennraum, umso ______ der Sprühwinkel.

Name Klasse/Gruppe Datum

Aufgabe 5

a) Berechnen Sie den Öldurchsatz für einen Brenner mit 18 kW Nennwärmebelastung in Litern pro Stunde (H_i Heizöl EL = 10,8 kWh/l).

gesucht:

gegeben:

Lösung:

b) Wählen Sie eine Düse aus, Sie haben die Wahl zwischen den folgenden Düsen: 0,40, 0,45, 0,50, 0,55 und 0,60 US gal/h. (Bei Zwischenwerten wählen Sie die kleinere.) Rechnen Sie dazu l/h in gal/h um.

gesucht:

gegeben:

Lösung:

gewählt:

Aufgabe 6

Die Angabe des Öldurchsatzes in US gal/h auf der Düse bezieht sich auf einen Druck von 7 bar (üblicherweise wird aber mit höheren Drücken gearbeitet, weswegen Sie bei Zwischenwerten die kleinere Düse wählen sollten). Wenn Sie den Druck ändern, verändert sich auch der Öldurchsatz und damit die Leistung des Brenners. Ergänzen Sie die Sätze unten fachgerecht:

Wird der Öldruck erhöht, ____________________ sich der Öldurchsatz und die Leistung des Brenners wird ____________________.

Wird der Öldruck verringert, ____________________ sich der Öldurchsatz und die Leistung des Brenners wird ____________________.

Aufgabe 7

Wenn Sie den Öldruck verändern, müssen Sie auch die Luftmenge verändern. Ergänzen Sie die Sätze unten fachgerecht:

Wird der Öldurchsatz vergrößert, muss die Luftmenge ____________________ werden.

Wird der Öldurchsatz verkleinert, muss die Luftmenge ____________________ werden.

11.2 Informationen zu einem Öl-Brennwertgerät

Bei einem Kunden soll ein mit Heizöl betriebener Wärmeerzeuger installiert werden. Der Kunde hat einen Ölkessel von früher im Sinn, der in einem eigenen Heizungsraum installiert ist, im Betrieb viel Wärme abgibt und dessen Brenner relativ laut ist. Informieren Sie ihn über moderne Öl-Wärmeerzeuger.

Abbildung: Viessmann Werke

Aufgabe 1

Einem Herstellerprospekt entnehmen Sie die folgenden Aussagen:

„Energie- und platzsparend
Neben der erheblichen Heizkostenersparnis gewinnen Sie zusätzlichen Platz. Denn der Öl-Brennwertkessel ist so kompakt, dass er mit seinen 480 mm Breite auch problemlos in Nischen installiert werden kann. Alle Komponenten sind von vorne erreichbar, seitliche Abstände sind nicht notwendig.
Sparsamer Brenner
Der besonders leise, modulierende Compact-Blaubrenner passt die Brennerleistung dem jeweiligen Wärmebedarf an und ist deshalb besonders sparsam und effizient. Der Brenner arbeitet raumluftunabhängig oder raumluftabhängig und erlaubt damit eine flexible Aufstellung des Öl-Brennwertkessels. Er ist für alle handelsüblichen schwefelarmen Heizölsorten ausgelegt.
Ideal für die Wandmontage
Der Vitoladens 300-W ist der kompakte Öl-Brennwertkessel für die Wandmontage. Dank eingebautem Schalldämpfer ist auch der geräuscharme Betrieb innerhalb der Wohnung, zum Beispiel im Hauswirtschaftsraum, problemlos möglich."

Fassen Sie die Vorteile für den Kunden zusammen.

Platzbedarf:

Geräuschbelästigung:

Energieeffizienz:

Anspruch an das Heizöl:

Verbrennungsluftversorgung:

Name Klasse/Gruppe Datum

Aufgabe 2

Der Kunde hat noch weitere Fragen an Sie.
Was ist ein modulierender Brenner und warum ist es sinnvoll, dass der Brenner moduliert?

a) Modulieren bedeutet:

b) Warum ändert sich der Leistungsbedarf für die Versorgung einer Wärmeverteilanlage?
Zu Ihrer Argumentation suchen sie zuerst für den Standort des Gebäudes (hier Hannover) die Norm-Außentemperatur sowie die Jahresmitteltemperatur heraus.

Norm-Außentemperatur: ______ Jahresmitteltemperatur: ______

c) Argumentieren Sie, warum es sinnvoll ist, dass der Brenner moduliert:

Aufgabe 3

In dem Herstellerprospekt wird darauf hingewiesen, dass in dem Gerät ein Blaubrenner (Öl-Blaubrenner) verbaut ist. Der Kunde möchte von Ihnen wissen, was das bedeutet.

a) Erklären Sie zunächst, wieso der früher übliche „Gelbbrenner" (Ölbrenner) eine gelb leuchtende Flamme hat.

Zu Ihrer Hilfe hier einige Aussagen:

- Die Öldüse zerstäubt den Brennstoff in feinste Öltröpfchen, die Öltröpfchen sind eine Ansammlung von Brennstoffmolekülpaketen. Ziel: Jedes Brennstoffmolekül soll mit Sauerstoffmolekülen reagieren.
- Nur verdampfter Brennstoff und Sauerstoff (Verbrennungsluft) können reagieren.
- Eine Verdampfung des Heizöls findet an der Oberfläche des Öltröpfchens statt. Im Inneren des Öltröpfchens kommt eine Reaktion nicht zustande, da in diesem Bereich kein Sauerstoff vorhanden ist.
- Bei einem Gelbbrenner bildet sich um jedes Öltröpfchen eine eigene Flammenzone.
- Durch die kleiner werdende Masse des Öltröpfchens, wird die Aufheizung des noch flüssigen Teils immer stärker. Bei diesen Reaktionen bilden sich feste Bestandteile, meist Kohlenstoffverbindungen
- Bei der Lichtemission handelt es um eine Festkörperstrahlung.

Die gelb leuchtende Flamme entsteht aus folgendem Grund:

Name Klasse/Gruppe Datum

b) Erklären Sie nun, was geschehen muss, damit kein gelbes Leuchten, sondern eine blaue Flamme entsteht.

c) Die Abbildung zeigt die Umwandlung von flüssigem Heizöl in gasförmiges Heizöl.

Benennen Sie die nummerierten Bestandteile des Bildes.

1
3
4
5
6
7
8

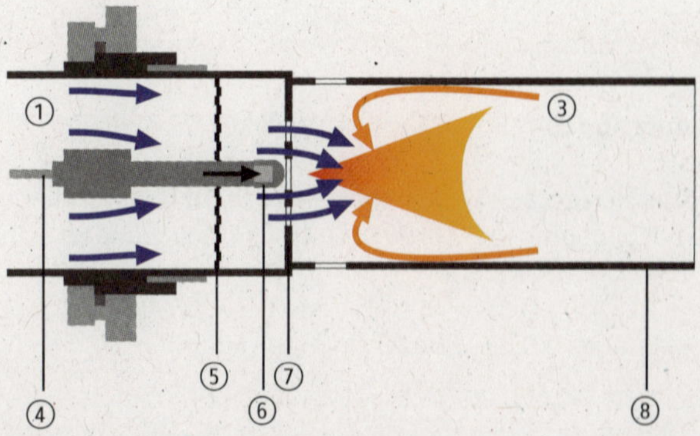

d) Erklären Sie mithilfe der folgenden Aussagen, wie die Umwandlung von flüssigem Heizöl in gasförmiges Heizöl stattfindet.

- Schnellströmende Verbrennungsluftstrahlen erzeugen hinter der Luftblende einen Unterdruck.
- Beim Vorhandensein einer Flamme werden heiße Heizgase „zurückgesaugt".
- Die innere Heizgasrezirkulation dient der Aufbereitung des Brennstoffs.
- Aufbereitungszone des Brennstoffs ist direkt hinter der Luftblende.
- Aufbereitungszone und Verbrennungszone sind räumlich getrennt.

Erklärung:

Aufgabe 4

Um die Verbrennung umweltfreundlicher zu gestalten, muss die Bildung von Stickoxiden verhindert werden.

a) Wie kann die Bildung von Stickoxiden verhindert bzw. minimiert werden?

Name Klasse/Gruppe Datum

b) Wie wird bei dem Blaubrenner für eine niedrige Flammtemperatur gesorgt?

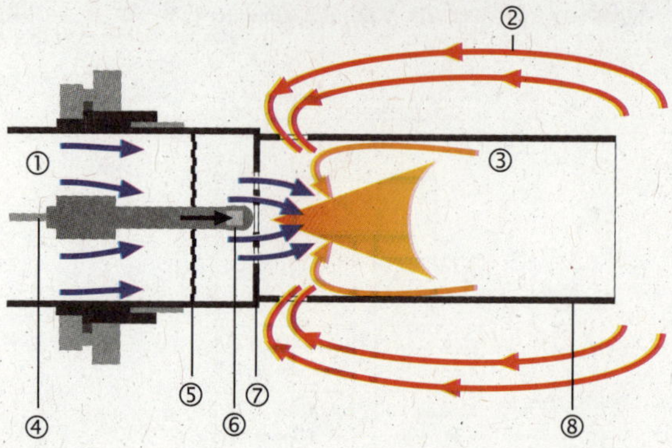

Aufgabe 5

Das Heizgerät ist ein Brennwertgerät. In den Herstellerunterlagen hat der Kunde folgende Angabe gelesen: „*Normnutzungsgrad in % bis 98 (Hs)/104 (Hi)*". Er wundert sich insbesondere darüber, dass es einen Nutzungsgrad von über 100 % geben kann.

a) Erläutern Sie die Bezeichnungen H_S und H_i.

H_S:

H_i:

b) Wie kann es zu der Angabe Normnutzungsgrad 104 % kommen?

Aufgabe 6

Der Kunde hat gehört, dass die Brennwertnutzung bei Heizölverbrennung nicht so gut ist wie bei Erdgas. Er fragt sich, ob die Brennwertnutzung bei seiner Anlage überhaupt gegeben ist.

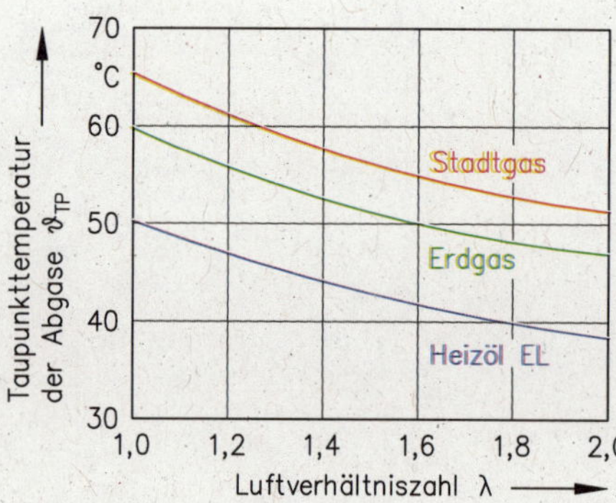

a) Welche Taupunkttemperatur ergibt sich bei einer Luftverhältniszahl von 1,1?

b) Ob bei der Anlage Brennwertnutzung eintritt, ist wesentlich von der Rücklauftemperatur des Heizungswassers abhängig. Erklären Sie, ob Brennwertnutzung auch bei einer Heizung mit Flachheizkörpern bei einer Auslegung von 70/55 zu erwarten ist (siehe auch Aufgabe 2).

c) Wie würde Ihre Antwort lauten, wenn eine Fußbodenheizung vorliegt?

Aufgabe 7

Rechts sehen Sie einen Ausschnitt aus den Planungshinweisen des Geräteherstellers.

„Das während des Heizbetriebs sowohl im Brennwertkessel als auch in der Abgasleitung anfallende Kondenswasser ist über eine geeignete Neutralisationsanlage abzuleiten.
Bei Betrieb mit schwefelarmem Heizöl (Schwefelgehalt ≤ 50 mg/kg) ist lt. DWA-A 251 keine Neutralisation erforderlich. Wird keine Neutralisationsanlage angeschlossen, ist der Aktivkohlefilter (Zubehör) einzusetzen.
Die Kondenswasserableitung zum Kanalanschluss muss frei einsehbar sein. Sie muss mit Gefälle und mit einem Geruchverschluss verlegt werden.
Es dürfen nur korrosionsfeste Materialien zur Kondenswasserableitung eingesetzt werden.
Am Kondenswasserablauf ist ein Siphon montiert, damit keine Abgase austreten können.
Aufgrund örtlicher Abwassersatzungen und/oder besonderer technischer Gegebenheiten können von den o. a. Arbeitsblättern abweichende Ausführungen erforderlich werden.
Es ist zu beachten, dass die häuslichen Entwässerungssysteme aus Werkstoffen bestehen, die gegenüber saurem Kondenswasser beständig sind.
Die Kondenswasserableitung zum Kanalanschluss muss einsehbar sein. Sie muss mit Gefälle und mit einem kanalseitigen Geruchverschluss verlegt werden und sollte mit einer Probenentnahmemöglichkeit versehen werden."

a) Unter welchen Bedingungen ist keine Neutralisation des Kondenswassers erforderlich?

b) Was verlangt der Hersteller in diesem Fall?

c) Können Sie ohne weitere Nachfrage auf die Neutralisation verzichten?

d) Warum ist in dem Gerät ein Siphon am Kondenswasserablauf montiert?

e) Welche Eigenschaft müssen auch die Entwässerungsleitungen im Gebäude haben, durch die das Kondenswasser abgeleitet wird?

f) Warum können Sie die Kondensatleitung nicht einfach fest in ein Abflussrohr des Kunden einbinden?

g) Wie führen Sie den Anschluss der Kondensatleitung an das Abflussrohr aus?

Name Klasse/Gruppe Datum

Aufgabe 8

Nun zum Anschluss des Geräts an die Heizölversorgung. Rechts sehen Sie wieder Erklärungen aus den Planungshinweisen des Geräteherstellers.

a) Welches System zur Ölversorgung ist hier vorgeschrieben?

b) In welcher Dimension soll die Ölzuleitung verlegt werden?

c) Warum soll der Leitungsdurchmesser möglichst klein gewählt werden?

d) Das Gerät soll wie abgebildet neben dem Tank installiert werden. Das Fußventil befindet sich 1,20 m unter der Ölpumpe. Wie lang dürfte die Zuleitung dann maximal sein?

e) Das Gerät soll ca. 2 m neben dem Tank installiert werden. Sehen Sie mit der maximalen Leitungslänge ein Problem? Begründen Sie Ihre Aussage.

f) Um das unkontrollierte Austreten von Heizöl im Störungsfall zu verhindern, müssen Sie ein Antiheberventil einbauen. Sie installieren eine schwimmende Entnahme im Öltank.
Welche Art Antiheberventil müssen Sie installieren?

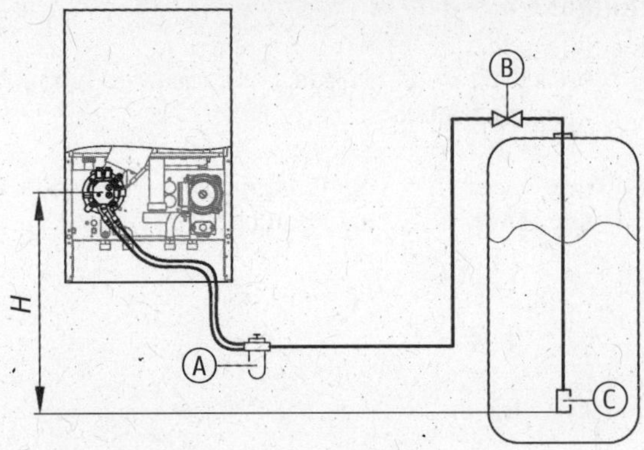

A Heizölfilter mit Heizölentlüfter
B Sicherheitseinrichtung gegen Aushebern (Antiheberventil)
C Fußventil

Ölversorgung
Die Ölversorgung des Wärmeerzeugers muss im Einstrang-sys-tem erfolgen.
In die Ölversorgung unbedingt den mitgelieferten Heizölfilter R 3/8 mit Rücklaufzuführung einbauen:
- Heizölfilter mit Entlüftung und Verbindung zwischen dem Rücklaufanschluss und der Saugleitung montieren.
- Filterfeinheit max. 5 µm

Die Dimensionierung der Ölleitung erfolgt nach folgender Tabelle.
Der Höhenunterschied *H* (siehe Abb.) zwischen der Ölbrennerpumpe und dem Fußventil im Öltank darf bei tief liegendem Öltank 4 m nicht übersteigen. Größere Höhenunterschiede führen zu Geräuschbildung und Verschleiß der Pumpe.
Bei höher liegendem Öltank (Niveau Fußventil oder schwimmende Ansaugung liegt über der Ölpumpe) keine mechanischen Antiheberventile einsetzen. In diesem Fall elektrisches Magnetventil mit Ansteuerung über „Anschlussleitung externes Brennstoffventil" (Zubehör) verwenden.

Dimensionierung der Ölleitung

Saughöhe *H* in m	**Max. Leitungslänge in m bei Durchmesser Saugleitung: 6 x 1 mm**
+4,0	100
+3,5	95
+3,0	89
+2,5	83
+2,0	77
+1,5	71
+1,0	64
+0,5	58
0,0	52
−0,5	46
−1,0	40
−1,5	33
−2,0	27
−2,5	21
−3,0	15
−3,5	9
−4,0	–

Es wird ein Gesamtdruckverlust von 0,35 bar (35 kPa) angesetzt, bezogen auf Heizöl EL mit 6,0 cSt (DIN 51603-1) unter Berücksichtigung von 1 Absperrventil, 1 Fußventil und 1 Heizölfilter.
Um Luftansammlungen in der Saugleitung zu vermeiden, sollte der Rohrdurchmesser möglichst klein gewählt werden. Bei den Wärmeerzeugern ist Ø 6 x 1 mm (4 mm Innendurchmesser) zu verwenden.

Abbildung: Viessmann Werke

Name Klasse/Gruppe Datum

11.3 Heizölanlage

In einem Neubau für ein Einfamilienhaus soll ein Ölkessel installiert werden. Es sind ein Öltank und die Ölleitung zu installieren. Da das Gebäude keinen Keller hat, könnte z. B. ein Erdtank oder eine Tankanlage im Haustechnikraum vorgesehen werden. Sie beraten die Familie fachgerecht zu der Anlage.

Aufgabe 1

Welche Regelwerke sind zu beachten, wenn eine Ölanlage installiert wird?

Aufgabe 2

Um eine Argumentationsbasis zur Auswahl des Tanks zu haben, müssen Sie zuerst die erforderliche Heizöllagermenge bestimmen. Gemäß der Auslegung der Wärmeerzeugungsanlage ist von einem Energiebedarf von 16 000 kWh pro Jahr auszugehen (Verbrennungswärme).
Berechnen Sie die erforderliche Tankgröße. Die Familie möchte gern den Jahresbedarf plus 20 % Reserve lagern.
H_{iB} = 10 kWh/l.

gesucht:

gegeben:

Lösung:

Aufgabe 3

Zum Schutz der Umwelt ist es erforderlich, dass kein Heizöl unkontrolliert aus den Tanks austritt.

a) Sie informieren sich in der Beschreibung eines Tankherstellers (rechts). Wie erfolgt dieser Schutz bei einem Erdtank?

„Der Erdtank ist dreiwandig aufgebaut. Zwischen dem Innen- und dem Außentank aus glasfaserverstärktem Kunststoff (GFK) befindet sich die tragende Wand aus kunstharzgebundenen Kieseln. Feine Luftkanäle, die sich zwischen den Kieseln entlangziehen, bilden zwischen Innen- und Außentank ein unsichtbares Netz als Kontrollraum. Zur Sicherheitsüberwachung des Erdtanks wird in den Luftkanälen ein Unterdruck erzeugt, der rund um die Uhr von einem Vakuum-Leckanzeigegerät überwacht wird."

b) Welcher Schutz wird heute in der Regel bei innen aufgestellten Tanks angewendet?

Aufgabe 4

Wenn die Tanks im Gebäude aufgestellt werden sollen, sollen sie im Heizraum aufgestellt werden.

a) Wie viel Liter Öl können im Heizraum gelagert werden?

b) Welche weiteren Regeln sind für den Raum noch zu beachten?

Aufgabe 5

Es stehen 750-l- und 1000-l-Tanks zur Auswahl.

a) Wie viele Tanks in welcher Größe würden Sie wählen? (Beachten Sie Ihre Lösung von Aufgabe 2.)

b) Welche Grundfläche (Länge x Tiefe) benötigen Sie zum Aufstellen der Tanks? Rechts sehen Sie einen Auszug aus einem Herstellerprospekt. Beachten Sie, dass Sie noch die erforderlichen Wandabstände hinzurechnen müssen. Die Werte in den Klammern gelten für die 1000-l-Tanks.

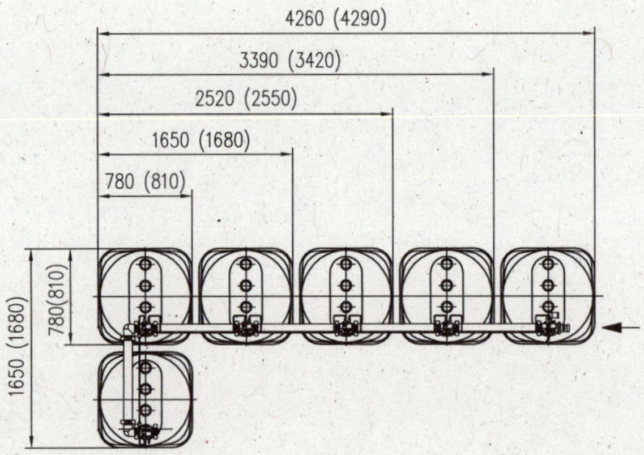

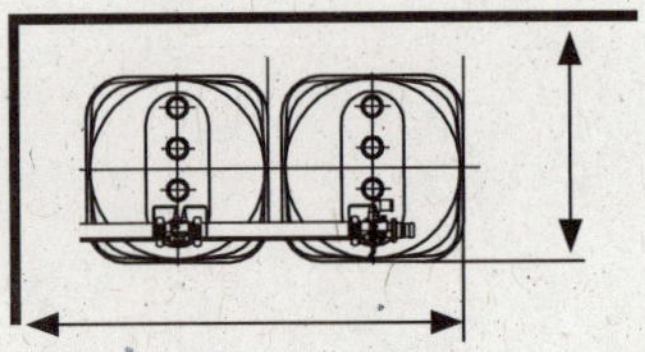

Erforderliche Grundfläche:

Aufgabe 6

Um die Tanks zu befüllen, müssen Sie eine Füll- und eine Entlüftungsleitung verlegen.

a) Welche DN ist jeweils zu wählen?

Füllleitung: Lüftungsleitung:

b) Was gilt für das Gefälle?

Name Klasse/Gruppe Datum

Aufgabe 7

Da Sie den Tank im Gebäude ebenerdig aufstellen, würde die Füllleitung, wenn sie mit Gefälle zum Tank verlegt wird, an der Fassade in ca. 2,20 m Höhe enden. Die Kundin fragt, ob Sie die Leitung nicht nach unten verlegen können.

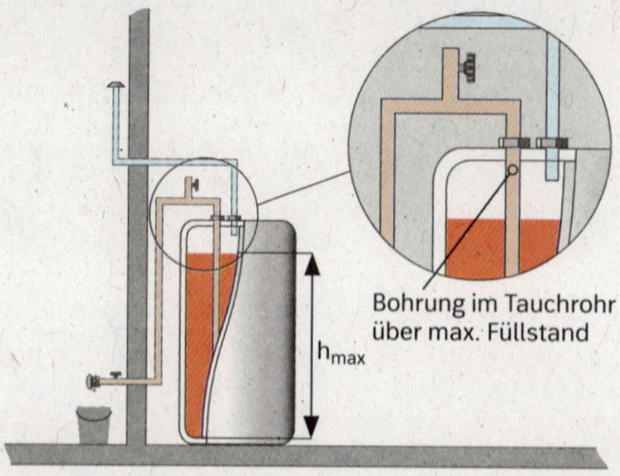

© IWO

a) Welches Problem würde bei einer derartigen Verlegung entstehen?

b) Welche zwei Maßnahmen müssen Sie vorsehen, damit kein Schaden entstehen kann?

Aufgabe 8

Eine wichtige Sicherheitseinrichtung ist der Grenzwertgeber.

a) Wo ist der Grenzwertgeber eingebaut?

b) Wie wirkt die Grenzwertgeber als Sicherheitseinrichtung?

Aufgabe 9

Eine weitere Sicherheitsarmatur ist das Antiheberventil.

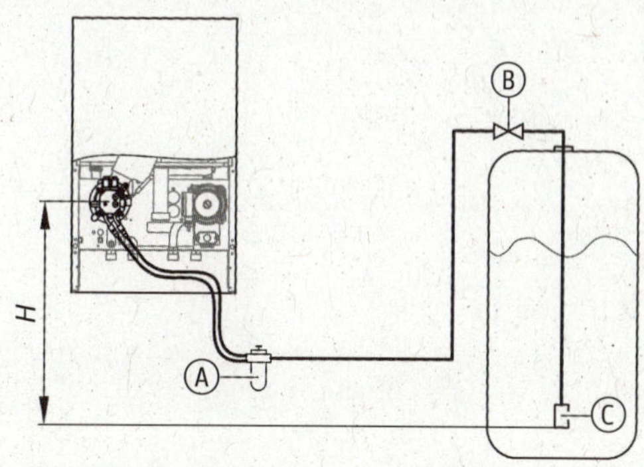

a) Wann ist ein Antiheberventil einzubauen?

b) Bei Ihrer Installation steht der Tank neben dem Heizgerät. Müssen Sie ein Antiheberventil installieren? (Auch bei einem wandhängenden Gerät?)

Name Klasse/Gruppe Datum

Aufgabe 10

Es wird unterschieden zwischen druckgesteuerten und elektromagnetischen Sicherungen gegen Aushebern.

a) Erklären Sie die Funktion des membrangesteuerten Antiheberventils.

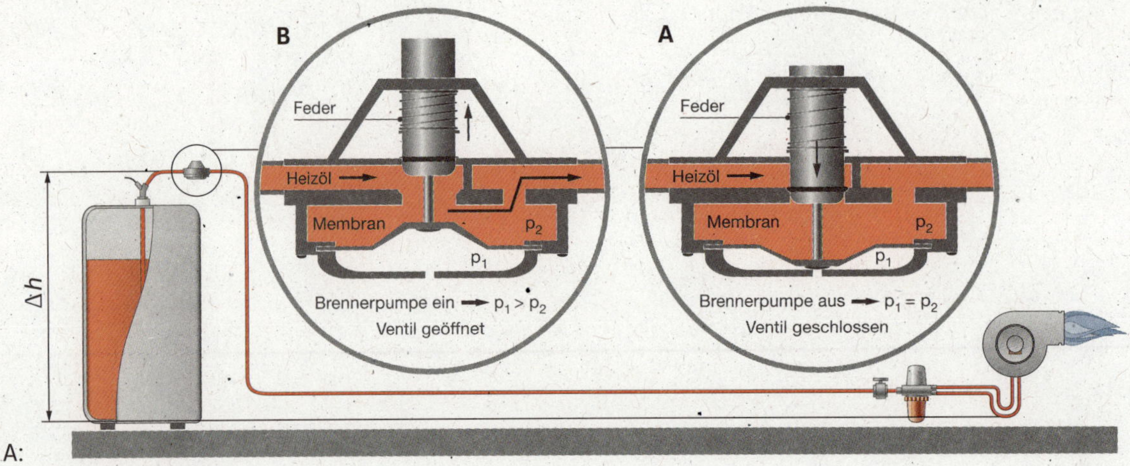

© IWO

Situation A:

Situation B:

b) Das Ventil soll ja vor Aushebern schützen. Aber bei diesem Störfall ist p_2 auch kleiner als p_1. Warum bleibt das Ventil trotzdem geschlossen?

c) Das Antiheberventil soll von Ihnen möglichst auf die Höhendifferenz Δh eingestellt werden. Welche Folge hätte es, wenn Sie ...

... die Höhe zu gering einstellen?

... die Höhe zu groß einstellen?

Aufgabe 11

a) Wie wird das elektromagnetische Antiheberventil gesteuert?

b) Das Membranantiheberventil erhöht den Druckverlust der Ölleitung. Wie schätzen Sie im Verhältnis dazu die Druckverluste ein, die das Magnetantiheberventil verursacht?

Name Klasse/Gruppe Datum

Aufgabe 12

Alte Ölleitungen sind häufig im Zweistrangsystem gebaut, heute soll nur noch das Einstrangsystem angewendet werden. Erklären Sie dem Kunden den Unterschied zwischen den Systemen.

a) Ergänzen Sie in der Zeichnung die Begriffe „Einstrangsystem“ und „Zweistrangsystem“.

© IWO

b) Berechnen Sie den Öldurchsatz in l/h, der bei einer Brennerleistung von 12 kW durch die Brennerdüse strömt. Nehmen Sie einen HiB von 10 kWh/l an.

gesucht:

gegeben:

Lösung:

c) Wenn der Brenner in Betrieb ist, liefert die Pumpe einen Fördervolumen von 24 l/h. In einem bestimmten Bereich liegt bei beiden Versorgungssystemen ein „Zweistrangsystem“ vor. Welcher Bereich ist das? Warum muss das hier so sein?

d) Geben Sie an, welcher Volumenstrom jeweils durch die Rohre strömt.

Rohr	1	2	3
Zweistrangsystem			
Einstrangsystem			

e) Welchen Vorteil hat das Einstrangsystem gegenüber dem Zweistrangsystem für die Kundschaft.

Aufgabe 13

Ihr Kunde fragt Sie, warum Sie zwischen Tank und Filter eine so „dünne" Leitung verlegen. Er fügt an, dass die Leitungen früher „größer" gewesen wären. Sie verlegen eine Leitung 6 x 1 mm, früher waren Leitungen 12 x 1 mm üblich.

a) Berechnen Sie die Strömungsgeschwindigkeit in m/min bei einem Volumenstrom von 1,2 l/h für beide Leitungen.

Rohr 12 x 1	Rohr 6 x 1
gesucht:	gesucht:
gegeben:	gegeben:
Lösung:	Lösung:

b) Warum ist der kleinere Leitungsquerschnitt beim Einstrangsystem sinnvoll? (Als Hilfe hier noch ein Auszug aus der Anleitung des Kesselherstellers: „Um Luftansammlungen in der Saugleitung zu vermeiden, sollte der Rohrdurchmesser möglichst klein gewählt werden.")

Aufgabe 14

Welche lösbaren bzw. unlösbaren Verbindungstechniken können Sie für die Ölleitung aus Kupferrohr verwenden?

Aufgabe 15

Wie prüfen Sie die verlegte Leitung auf Dichtheit?

Prüfdruck:

Temperaturausgleichszeit:

Prüfzeit:

zulässiger Druckanstieg:

11.4 Scheitholzkessel

Scheitholzkessel werden heute meist als Holzvergaserkessel angeboten. Ihre Kundschaft ist an einem derartigen Kessel interessiert, da sie damit Holz aus dem eigenen Wald nutzen kann.

1 = Füllraum
2 = Brennkammer
9 = Saugzuggebläse und Lambdasonde

Aufgabe 1

Zuerst muss geklärt werden, welche Holzmenge zur Beheizung des Hauses erforderlich ist. Das Gebäude hat einen errechneten Jahresenergiebedarf von 16000 kWh.

a) Berechnen Sie das erforderliche Holzvolumen in Raummetern (getrocknetes Buchenholz).

gesucht:

gegeben:

Lösung:

b) Das Holz muss zum Trocknen gelagert werden. Für den Kessel werden Scheite von 0,5 m Länge benötigt. Welche Länge benötigt man zum Aufstapeln der Scheite, wenn sie auf 0,5 m Tiefe und 1,5 m Höhe aufgestapelt werden?

gesucht:

gegeben:

Lösung:

Aufgabe 2

Bei der Beheizung mit Scheitholz hat das Gebäude eine gute Öko-Bilanz. Begründen Sie diese Aussage.

Name Klasse/Gruppe Datum

Aufgabe 3

Beschreiben Sie, wie die Verbrennung im Holzvergaserkessel erfolgt. Beachten Sie, dass die Verbrennung unterhalb des eingelegten Scheitholzes stattfindet.

Aufgabe 4

Um die Verbrennung zu optimieren, ist im Abgasweg eine Lambdasonde eingebaut, deren Werte von der Kesselregelung ausgewertet werden.

a) Welcher Bestandteil des Abgases wird von der Lambdasonde gemessen?

b) Was verändert die Regelung aufgrund dieser Messung?

Aufgabe 5

Der Kessel hat ein Kühlregister zum Anschluss einer thermischen Ablaufsicherung.

a) Wann muss sie wirken und wie wirkt sie?

Einbauort für Kapillarfühler thermischer Ablaufsicherung

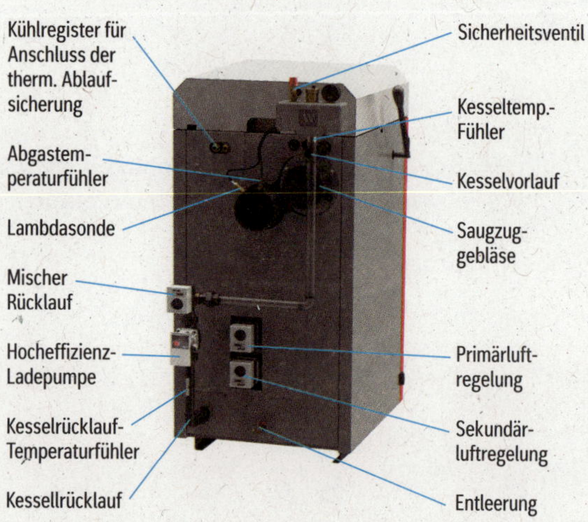

b) In dem Heizkreislauf des Kessels muss unbedingt ein Pufferspeicher (min. 55 l/kW Heizleistung) vorgesehen werden. Welchen Sinn hat diese Forderung?

c) Der Kessel hat eine Rücklauf-Temperaturanhebung. Warum muss diese hier vorgesehen werden?

d) Kreisen Sie in der Abbildung oben das entscheidende Bauteil zur Rücklauf-Temperaturanhebung ein.

Name Klasse/Gruppe Datum

11.5 Brennstoffversorgung eines Pelletkessels

Eine Kundin muss ihren alten Ölkessel ersetzen. Sie will ihre neue Heizung klimaneutral betreiben und sich daher über Pelletheizungen informieren.

Aufgabe 1

Als erstes fragt sie, was Pellets (Holzpellets) eigentlich sind. Erklären Sie kurz, wie sie hergestellt werden und warum das Heizen dadurch klimaneutral ist.

Herstellung:

Klimaneutralität:

Aufgabe 2

Die Kundin hat bisher eine Ölheizung. Das Gebäude hat einen jährlichen Energiebedarf von 16 000 kWh. Sie hatte bisher einen Heizölverbrauch von 1 600 l/Jahr.

Mit welcher Pelletmenge pro Jahr muss sie rechnen? Welches Lagervolumen in Litern muss sie dann für einen Jahresverbrauch vorhalten? Nehmen Sie folgende Werte an: Heizwert Pellets: 5 kWh/kg; Dichte der Pellets: 0,65kg/dm^3

gesucht:

gegeben:

Lösung:

Lernfeld 11

Name Klasse/Gruppe Datum

Aufgabe 3

Bisher wurde die Kundin per Tankwagen mit Heizöl beliefert. Rechts sehen sie ein Skizze für die Anlieferung von Pellets mit einem Silofahrzeug.

Welche baulichen Bedingungen müssen erfüllt sein, damit eine Belieferung per Silofahrzeug erfolgen kann.

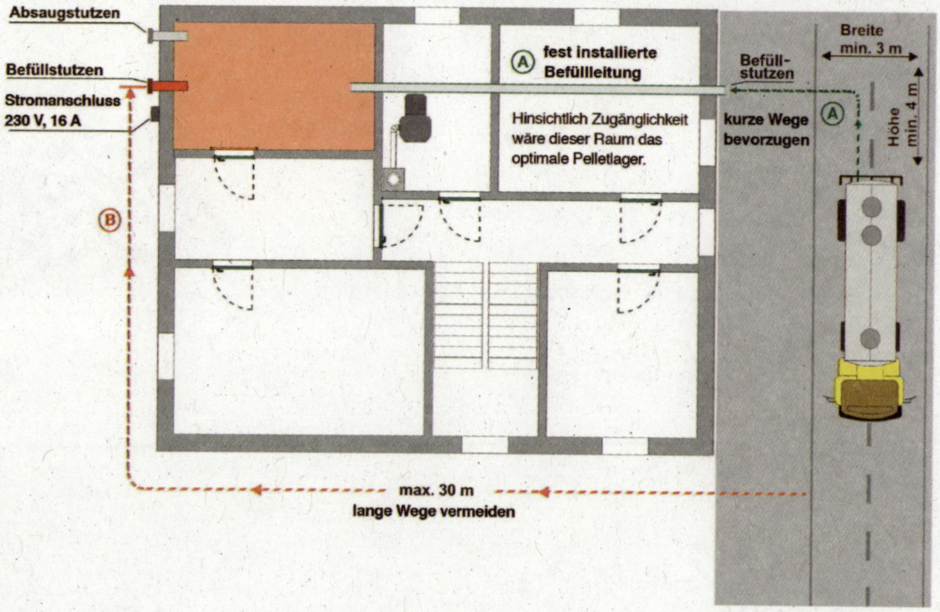

Mindestbreite der Zuwegung: ________

Mindesthöhe der Zuwegung: ________

Maximale Länge für die Schlauchführung zwischen Fahrzeug und Befüllstutzen. ________

Sehen Sie ein Problem wenn bisher die Heizölversorgung mit einem Tankfahrzeug erfolgte?

Aufgabe 4

Die Kundin hatte bisher Kunststofftanks zur Heizöllagerung im Heizungsraum stehen. Sie fragt, ob es auch zur Pelletlagerung entsprechende „Tanks“ gibt.

Art.Nr.	Länge	Breite	Befüllmenge bei Raumhöhe von			
	mm	mm	185 cm	200 cm	220 cm	240 cm
KGT1814EU	1,840	1,440	1,3 – 1,6 t	1,6 – 2,0 t	2,1 – 2,6 t	2,7 – 3,3 t
KGT1818EU	1,840	1,840	1,7 – 2,0 t	2,0 – 2,5 t	2,6 – 3,3 t	3,4 – 4,0 t
KGT2314EU	2,300	1,440	1,8 – 2,2 t	2,1 – 2,5 t	2,7 – 3,3 t	3,7 – 4,2 t
KGT2318EU	2,300	1,840	2,4 – 2,8 t	2,8 – 3,2 t	3,7 – 4,3 t	4,8 – 5,4 t
KGT2320EU	2,300	2,040	2,8 – 3,2 t	3,1 – 3,5 t	4,2 – 4,8 t	5,4 – 6,0 t
KGT2614EU	2,580	1,440	2,0 – 2,5 t	2,4 – 3,0 t	3,2 – 3,8 t	4,0 – 4,7 t
KGT2618EU	2,580	1,840	2,4– 3,0 t	3,2 – 4,0 t	4,2 – 4,8 t	5,0 – 6,2 t
KGT2620EU	2,580	2,040	3,3 – 4,1 t	3,7 – 4,7 t	4,8 – 5,4 t	5,5 – 7,0 t
KGT2626EU	2,580	2,580	4,0 – 5,1 t	4,9 – 6,1 t	6,2 – 7,1 t	7,2 – 8,5 t

Der Heizungsraum hat eine Höhe von 250 cm.

Wählen Sie eine Pelletbox aus und geben Sie an, welche Grundfläche zum Aufstellen erforderlich ist.
Es soll eine Menge von 3,4 t eingelagert werden.

Gewählter Tank (Artikelnummer): ________

erforderliche Grundfläche: ________

Name Klasse/Gruppe Datum

12.1 Installation einer solarthermischen Anlage

Ein umweltbewusster Kunde möchte bei der Wärmeerzeugung für sein Einfamilienhaus Energiekosten und Ressourcen einsparen. Er beauftragt Sie daher mit der Installation einer Solaranlage mit Heizungsunterstützung.

Aufgabe 1

Welche Vorteile hat eine Solaranlage, die auch die Heizung unterstützt? Vergleichen Sie den Energiebedarf eines Durchschnittshaushalts in den Bereichen Heizung und Warmwasser.

Aufgabe 2

Die Möglichkeiten zur Energieeinsparung müssen allerdings realistisch betrachtet werden.

a) Was fällt auf, wenn man den Jahresverlauf des Energieangebots der Sonne mit dem Wärmebedarf eines Gebäudes im Jahresverlauf vergleicht?

b) Welche Folge hat dies für die Wärmeerzeugung des Gebäudes?

Aufgabe 3

Natürlich soll es das Ziel sein, einen möglichst großen Anteil des jährlichen Wärmebedarfs des Gebäudes mit Solarenergie zu decken (solarer Deckungsgrad). Welche Forderung muss man daher an den Wärmebedarf des Gebäudes, an die Größe der Kollektorfläche und an die Größe des Pufferspeichers stellen?

Name Klasse/Gruppe Datum

Aufgabe 4

Als Information haben Sie das abgebildete Strangschema der Solaranlage erhalten, das zunächst analysiert werden muss.

a) Tragen Sie die Nummern der folgenden Bezeichnungen in die weißen Kreise im Strangschema ein:

1: Heizungsrücklauf
2: Heizungsvorlauf
3: Kesselrücklauf ohne solare Heizungsunterstützung
4: Umgehungsleitung bei solarer Heizungsunterstützung
5: Kesselrücklauf bei solarer Heizungsunterstützung bzw. Rücklauf bei Speicherladung
6: Vorlauf für Speicherladung
7: Trinkwasser, kalt
8: Trinkwasser, warm
9: Kollektorvorlauf
10: Kollektorrücklauf

b) Zeichnen Sie in die weißen Rechtecke die Richtung des Infomationsflusses in den gestrichelten Mess- und Steuerleitungen ein.

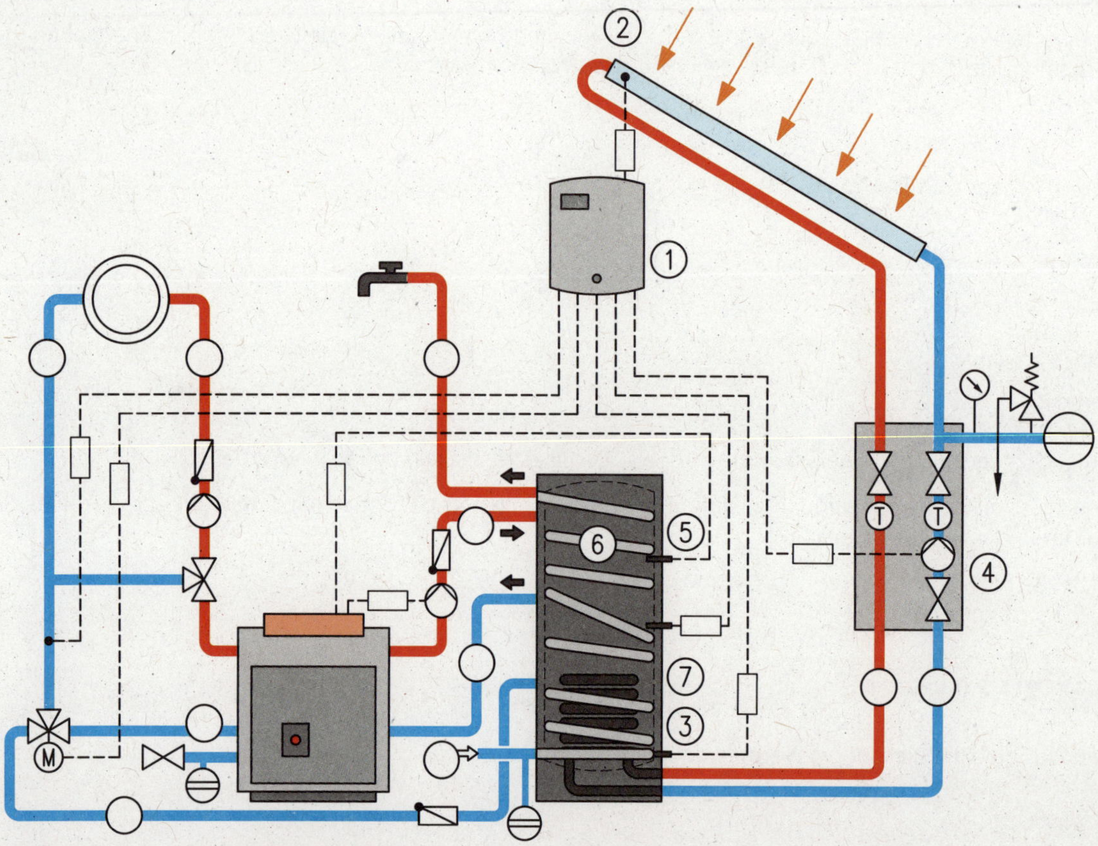

Aufgabe 5

a) Der Heizkreis verfügt ungewöhnlicherweise über einen Rücklauftemperaturfühler T. Warum benötigt das Regelgerät eine Information über die Rücklauftemperatur?

Name Klasse/Gruppe Datum

b) Das Drei-Wege-Umschaltventil im Heizungsrücklauf sorgt dafür, dass das Rücklaufwasser immer den richtigen Weg nimmt. Unter welcher Bedingung ist der Anschluss AB mit A verbunden und unter welcher Bedingung mit B?

AB-A: ______________________________

____

AB-B: ______________________________

____

Aufgabe 6

Im Solarspeicher befinden sich drei verschiedene Flüssigkeiten (I, II, III) und er ist mit zwei Wärmetauschern (II, III) und drei Temperaturfühlern (A, B, C) ausgestattet.

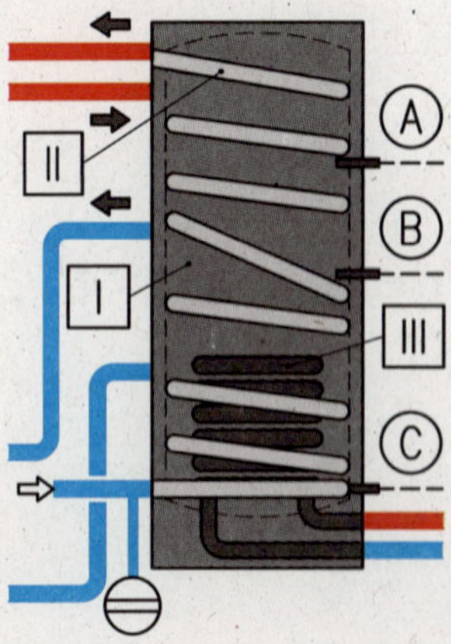

a) Benennen Sie die drei mit I, II und III gekennzeichneten Flüssigkeiten.

I: ______________________________

II: ______________________________

III: ______________________________

b) Welche Aufgaben haben die Wärmetauscher II und III?

II: ______________________________

____

III: ______________________________

____

c) Welche Aufgaben erfüllen die drei Temperaturfühler A, B, und C?

A: ______________________________

____

____

B: ______________________________

____

____

C: ______________________________

____

____

____

____

Aufgabe 7

Die solare Heizungsunterstützung ist also nur wirksam, wenn die Heizungs-Rücklauftemperatur unter der Temperatur im Speicher liegt.
Daher muss bei einer solchen Anlage vermieden werden, dass unnötig hohe Rücklauftemperaturen erreicht werden.

a) Welche Art Heizkörper bzw. Heizflächen sollten Sie daher für diese Anlage wählen? Begründen Sie Ihre Wahl.

____

____

Name Klasse/Gruppe Datum

b) Nennen Sie Heizungsarmaturen, die Sie auf jeden Fall vermeiden sollten, da sie zu unnötig hohen Rücklauftemperaturen führen können.

c) Welche Einstellarbeit an den Heizkörperarmaturen oder auch an den Verteilern einer Fußbodenheizung sorgt für möglichst niedrige Rücklauftemperaturen?

Aufgabe 8

Bei der Kollektorwahl müssen Sie sich zwischen den teureren Vakuum-Röhrenkollektoren und den preiswerteren Flachkollektoren entscheiden.
Treffen Sie Ihre begründete Entscheidung mithilfe des abgebildeten Diagramms.

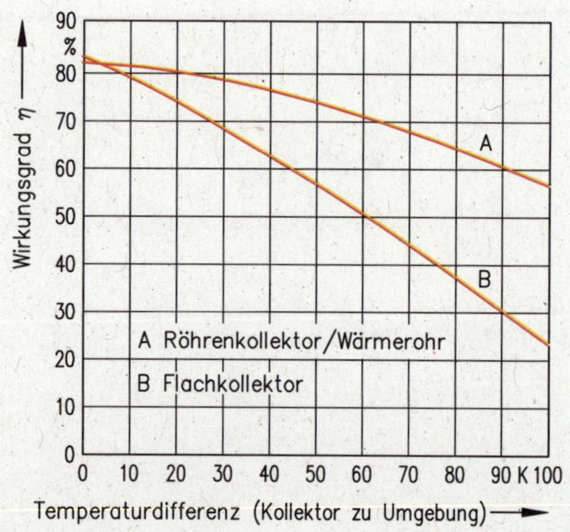

Aufgabe 9

Die Vorlauftemperatur des Kollektorkreises lässt sich regelungstechnisch beeinflussen. Das wird bei modernen Anlagen durch die elektronische Anpassung der Förderleistung der Solarkreispumpe an die benötigte Temperatur erreicht.

a) Wie muss der Durchfluss verändert werden, wenn die Kollektortemperatur

– ansteigen soll:

– sinken soll:

b) Berechnen Sie die Temperaturerhöhung im Kollektor bei verschiedenen Förderleistungen der Pumpe. Die Anlage hat eine Kollektorfläche von 15 m^2, die Globalstrahlung hat eine Intensität von 800 W/m^2. Welche Kollektor-Vorlauftemperatur stellt sich ein, wenn die Pumpe 150 kg/h bzw. 750 kg/h fördert? Zusätzlich muss der Kollektorwirkungsgrad beachtet werden, der bei großem Durchfluss mit 75 % höher ist als bei niedrigem Durchfluss mit 68 %. Benutzen Sie die spezifische Wärmekapazität von Wasser. (Wärmeleistung)

gegeben:

gesucht:

Lösung:

Aufgabe 10

Da der Wirkungsgrad von Kollektoren stark von der Temperaturdifferenz zur Umgebung abhängt, müssen alle Kollektoren gleichmäßig durchströmt werden.
Sonst entstehen schwach durchströmte Bereiche, die überhitzen und dadurch viel Wärme an die Umgebung abgeben. Größere Kollektorfelder mit vielen Kollektoren, wie sie bei solarer Heizungunterstützung notwendig sind, werden daher nach dem Tichelmann-Prinzip angeschlossen.
Ergänzen Sie die Verrohrung des abgebildeten Kollektorschemas so, dass alle drei Kollektorreihen gleich stark durchströmt werden.

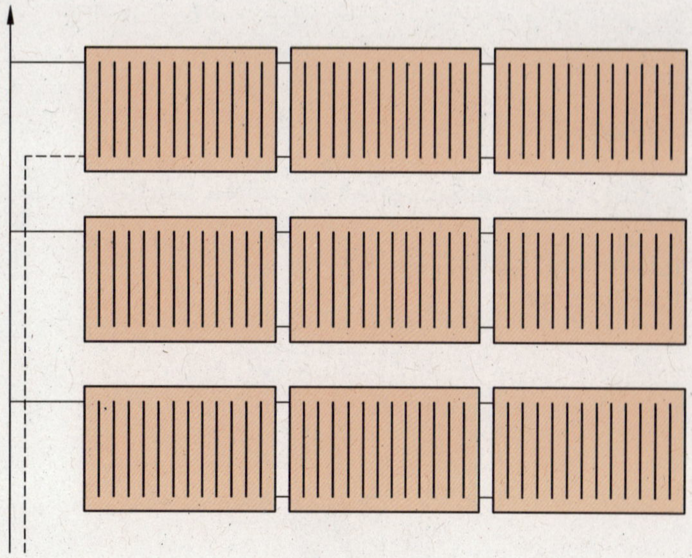

Aufgabe 11

Das Einfamilienhaus hat ein Flachdach, daher kann die Kollektorneigung frei gewählt werden. Informieren Sie sich, ob bei der solaren Heizungsunterstützung der gleiche Kollektorneigungswinkel α zu wählen ist wie bei der solaren Brauchwasserbereitung. (Neigungswinkel)

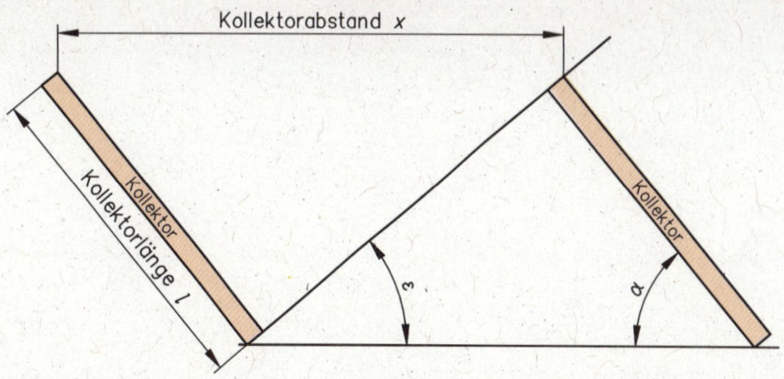

Lernfeld 12

Aufgabe 12

Welchen Mindest-Kollektorabstand *x* müssen Sie auf dem Flachdach einhalten, wenn Sie vermeiden wollen, dass sich die einzelnen Kollektorreihen unzulässig stark beschatten? Die Kollektoren haben eine Länge *l* von 2057 mm. Wenn die Sonne 17° über der Horizontalen steht, soll es gerade noch keine Beschattung geben.

gegeben:

gesucht:

Lösung:

(Hier ist auch eine zeichnerische Lösung möglich.)

Aufgabe 13

Im Folgenden sehen Sie zwei weitere Speichersysteme, die ebenfalls für die solare Heizungsunterstützung geeignet sind.

Tank-in-Tank-Speicher mit Thermosiphon

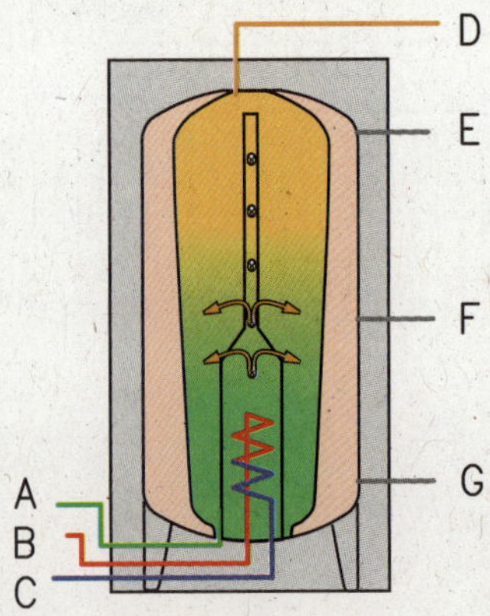

Pufferspeicher mit außen liegendem TW-Wärmetauscher

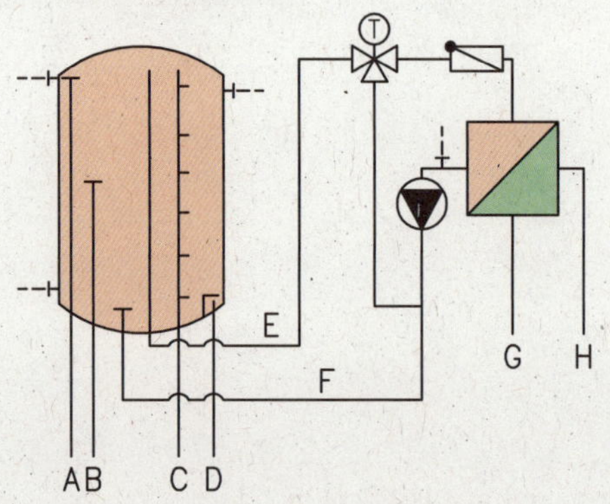

a) Benennen Sie die Anschlüsse A–G und kennzeichnen Sie die möglichen Strömungsrichtungen mit Pfeilen.

A:

B:

C:

D:

E:

F:

G:

b) Benennen Sie die Anschlüsse A–H. Kennzeichnen Sie die Strömungsrichtungen mit Pfeilen.

A:

B:

C:

D:

E:

F:

G:

H:

12.2 Installation einer Wärmepumpe

Ihre Kundin möchte im Zuge einer Gebäudesanierung erneuerbare Energien für die Wärmeerzeugung ihres Hauses nutzen. Ihr Wunsch ist der Einbau einer Wärmepumpe.

Aufgabe 1

In einem ersten Schritt beschreiben Sie der Kundin die vier Schritte des Wärmepumpenkreisprozesses.

1. Verdampfung:

2. Verdichtung:

3. Verflüssigung:

4. Entspannung:

Lernfeld 12

Aufgabe 2

Zur besseren Verdeutlichung benennen Sie die Zustände des Kältemittels an den im Schema dargestellten Positionen (A, B, C, D).

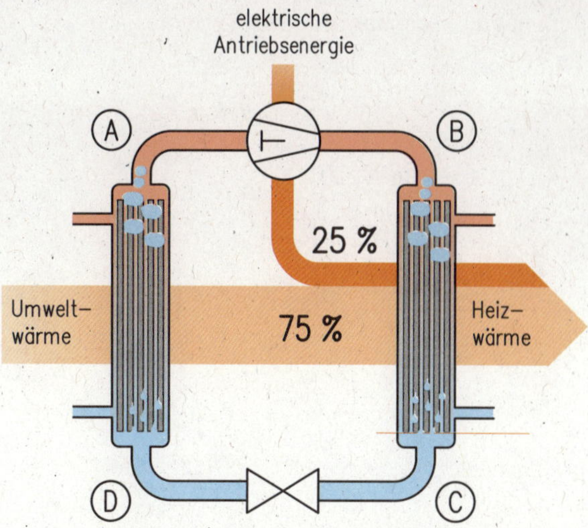

	A	B	C	D
Temperatur (hoch/niedrig)				
Druck (hoch/niedrig)				
Aggregatzustand (flüssig/dampfförmig)				

Name Klasse/Gruppe Datum

Aufgabe 3

Das Gebäude wurde 1990 errichtet und ist mit einer Wärmedämmung ausgestattet (70 W/m^2). Die beheizte Fläche beträgt 150 m^2. Der derzeit noch installierte Kessel hat eine Leistung von 34 kW. Durchschnittlich wurden jährlich 1 900 l Heizöl bei 1 800 Vollbenutzungsstunden verbraucht.

a) Für eine Grobauswahl der Wärmepumpe berechnen Sie überschlägig den Heizwärmebedarf anhand der durchschnittlichen Verbrauchsdaten über die letzten fünf Jahre.

gegeben:

gesucht:

Lösung:

b) Vergleichen Sie den berechneten Wert mit der Leistung des noch installierten Kessels

Aufgabe 4

Im nächsten Schritt vergleichen Sie die unterschiedlichen Wärmepumpen anhand ihrer Wärmequelle.
Benennen Sie die dargestellten Systeme.

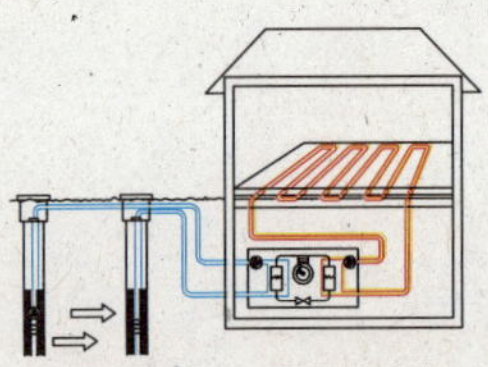	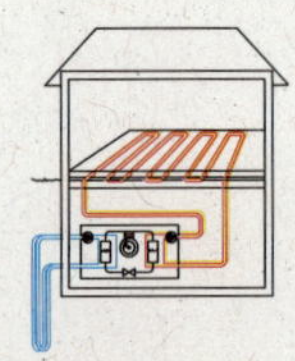	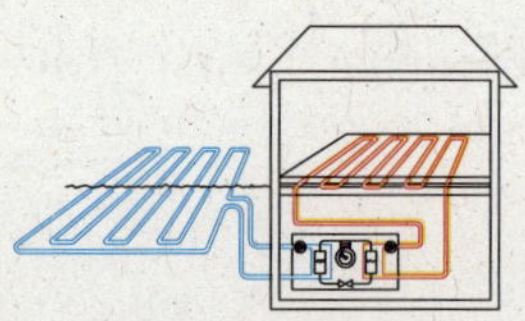	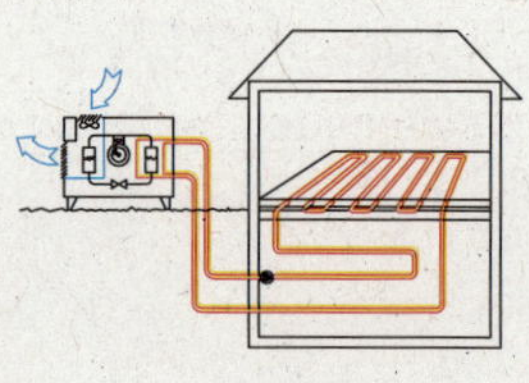

Name Klasse/Gruppe Datum

Aufgabe 5

Ihre Kundin hat einen aufwendig gestalteten Garten. Sie wäre unter Umständen dazu bereit, einen kleinen Bereich des Vorgartens für die Wärmepumpe neu zu gestalten. Empfehlen Sie zwei infrage kommende Systeme und vergleichen Sie diese, indem Sie jeweils zwei Vor- und Nachteile nennen.

Aufgabe 6

Aufgrund der von Ihnen beschriebenen Vor- und Nachteile hat sich die Kundin für eine Luft-Wasser-Wärmepumpe entschieden.
Erläutern Sie ihr die Bezeichnungen A2/W35, A7/W35 und A7/W45 aus den dargestellten Herstellerunterlagen.

Technische Daten – Leistungsdaten Wärmepumpensystem

	VWL 55/2 A 230 V	VWL 85/2 A 230 V	VWL 115/2 A 400 V	VWL 155/2 A 400 V
Heizleistung A2/W35	3,10 kW	4,60 kW	5,10 kW	8,20 kW
Heizleistung A7/W35	4,70 kW	8,10 kW	10,50 kW	14,6 kW
Heizleistung A7/W45	4,40 kW	7,80 kW	10,20 kW	13,4 kW

Allgemeine Bedeutung:

Heizleistung A2/W35:

A7/W35:

A7/W45:

Name Klasse/Gruppe Datum

Aufgabe 7

Bei der Auswahl eines Wärmepumpensystems gehen Sie davon aus, dass der Kundin aufgrund großer Heizflächen eine Vorlauftemperatur von 35 °C ausreicht.

a) Wählen Sie aus der Tabelle der vorherigen Aufgabe ein zum überschlägig berechneten Heizwärmebedarf passendes Wärmepumpensystem aus. Welches Problem wird deutlich?

b) Machen Sie Vorschläge zur Optimierung des Gebäudes und des Wärmeerzeugers, um evtl. fehlende Heizleistung auszugleichen.

Aufgabe 8

Bei Einbau einer zusätzlichen Wärmequelle sind die folgenden Betriebsweisen möglich. Erklären Sie der Kundin deren Eigenschaften mit einem passenden Beispiel.

monovalent:

monoenergetisch:

bivalent alternativ:

bivalent parallel:

Aufgabe 9

Ordnen Sie die Begriffe aus Aufgabe 8 den dargestellten Diagrammen zu.

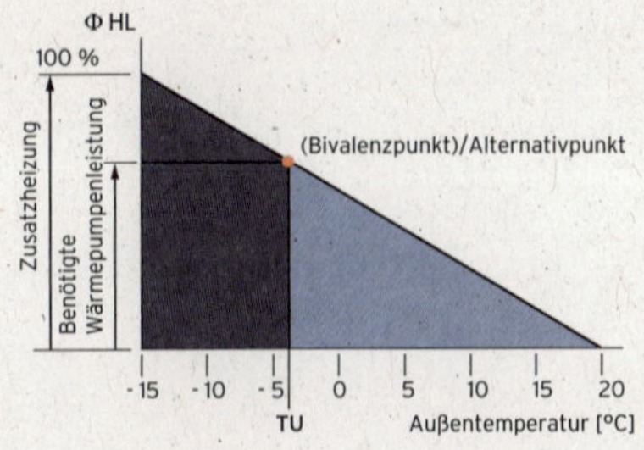

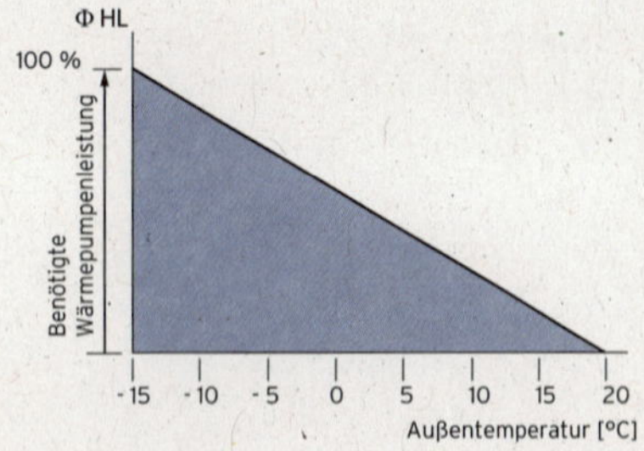

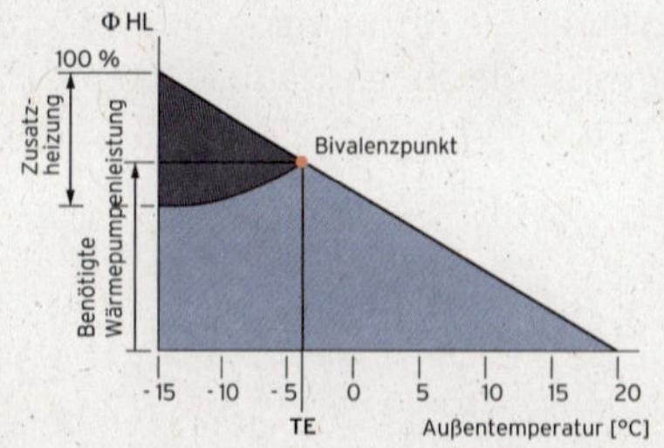

Aufgabe 10

Nennen Sie Vor- und Nachteile der unterschiedlichen Bauarten von Wärmepumpen.

Monoblock-Wärmepumpe:

Vorteile:

Nachteile:

Split-Wärmepumpe:

Vorteile:

Nachteile:

Wärmepumpe zur Innenaufstellung:

Vorteile:

Nachteile:

Aufgabe 11

Die Hersteller von Wärmepumpen empfehlen den Einbau großer Pufferspeicher. Nennen Sie Argumente für den Einbau eines großen Pufferspeichers.

Name Klasse/Gruppe Datum

Aufgabe 12

Ihre Kundin wundert sich über die „großen Kupfer-Rohrleitungen", die Sie zwischen Wärmepumpe und Pufferspeicher installiert haben. Kontrollieren Sie rechnerisch, ob die empfohlene maximale Fließgeschwindigkeit in Heizungs-Hauptleitungen ($v \leq 1 \frac{m}{s}$) eingehalten wird.

Technische Daten – Heizkreis

	VWL 155/2 A 400 V
Heizungsanschlüsse Vor-/ Rücklauf geräteseitig	1 1/4"
Volumenstrom min.	1.200 l/h
Nennvolumenstrom, Volumenstrom max.	2.590 l/h

gegeben:

gesucht:

Lösung:

Aufgabe 13

a) Zeichnen Sie in das dargestellte Systemschema der Anlage den Kältemittelkreislauf ein und kennzeichnen Sie die Fließrichtung mit Pfeilen.

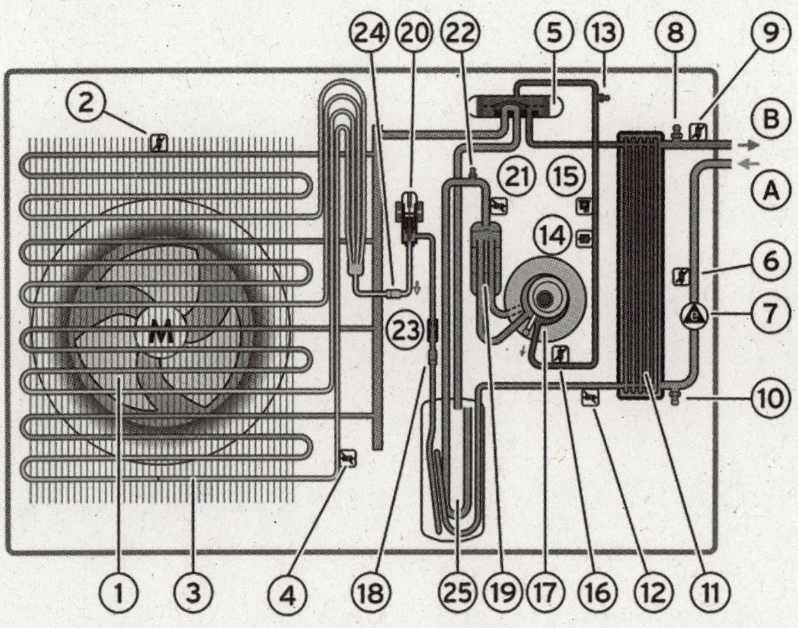

1 Ventilator
2 Temperaturfühler Lufteintritt
3 Lamellenrohrwärmetauscher
4 Temperaturfühler Lamellenrohrwärmetauscher
5 4-Wege-Ventil
6 Temperaturfühler Heizkreis Rücklauf
7 Hocheffizienzpumpe mit Durchflusssensor
8 Entlüftungsventil
9 Temperaturfühler Heizkreis Vorlauf
10 Entleerungsventil
11 Plattenwärmetauscher
12 Temperaturfühler hinter dem Plattenwärmetauscher
13 Wartungshahn Hochdruckbereich Kältemittelkreis
14 Hochdruckpressostat im Kältemittelkreis
15 Hochdrucksensor im Kältemittelkreis
16 Temperaturfühler Kompressorausgang
17 Rollkolbenkompressor
18 Filter
19 Flüssigkeitsabscheider
20 Elektronisches Expansionsventil
21 Temperaturfühler Kompressoreingang
22 Wartungshahn Niederdruckbereich Kältemittelkreis
23 Durchflussbegrenzer (Kühlbetrieb) nur bei VWL 85/2 A 230 V
24 Filter
25 Gaspuffer
A Heizungsrücklauf
B Heizungsvorlauf

b) Ordnen Sie folgenden Bauteilen die passenden Positionsnummer mit der Herstellerbenennung zu.

Verdampfer: ______

Verdichter: ______

Verflüssiger: ______

Expansionsventil: ______

Name Klasse/Gruppe Datum

Aufgabe 14

Bei Monoblock-Geräten kommt häufig das Kältemittel R290 (Propan) zum Einsatz. Nennen Sie zehn Dinge, die bei der Wahl des Aufstellortes und bei der Wartung zu beachten sind. Nutzen Sie die folgenden Informationen des Herstellers.

Schutzbereich

Das Produkt enthält das Kältemittel R290. Bei einer Undichtigkeit kann sich austretendes Kältemittel in Bodennähe ansammeln. Das Kältemittel darf nicht in Gebäudeöffnungen, Vertiefungen oder in das Abwassersystem gelangen. Das Kältemittel darf sich nicht in einer Art und Weise ansammeln, die zu einer gefährlichen, explosionsfähigen, erstickenden oder toxischen Atmosphäre führen kann.

Führen Sie aus diesem Grund auch die Kondensatleitung nicht in die Abwasserleitung!

Für den Nahbereich rund um das Produkt ist ein Schutzbereich definiert. Im Schutzbereich dürfen sich keine Fenster, Türen, Lüftungsöffnungen, Lichtschächte, Kellerzugänge, Ausstiegsluken, Flachdachfenstern oder Fallrohre befinden. Der Schutzbereich darf sich nicht auf Nachbargrundstücke oder öffentliche Verkehrsflächen erstrecken.

In dem Schutzbereich dürfen sich keine Zündquellen wie Steckdosen, Lichtschalter, Lampen, oder elektrische Schalter befinden.

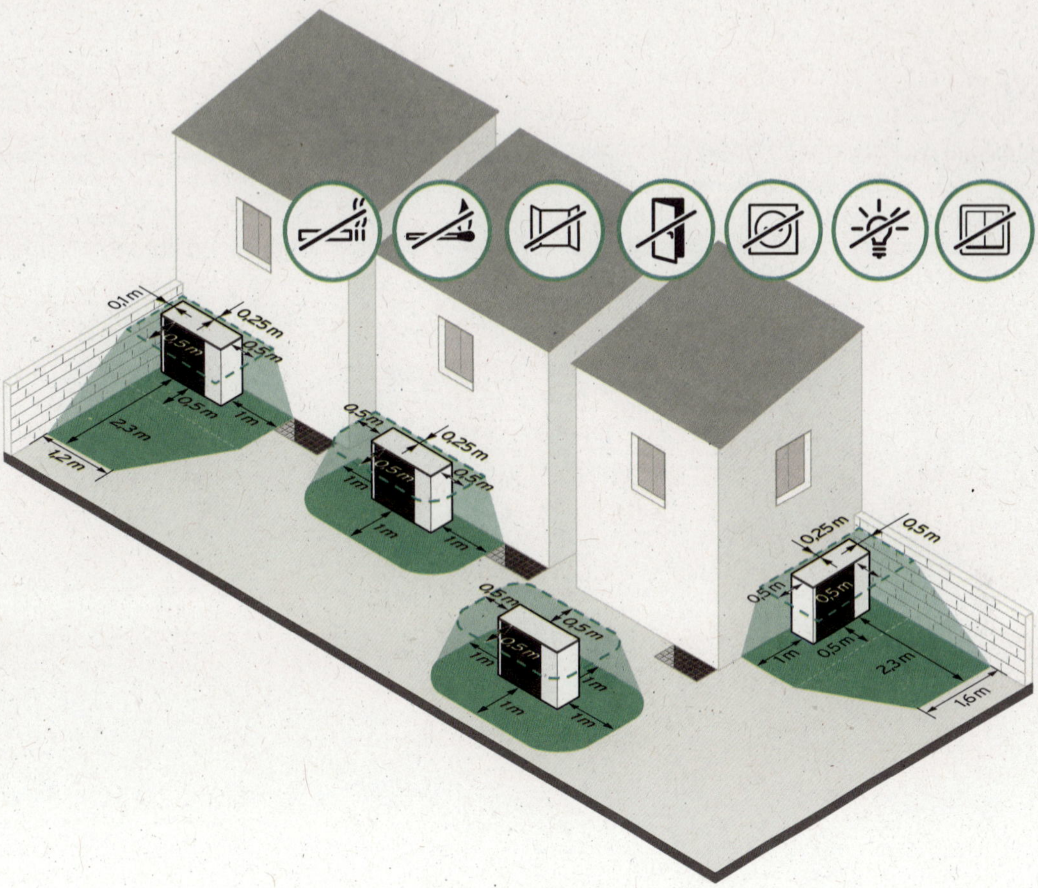

Lernfeld 12

Name Klasse/Gruppe Datum

Aufgabe 15

Ermitteln Sie mit Hilfe der Herstellerunterlagen die Berechnung der Leistungszahl (COP) am Beispiel A7/W35.

	VWL 105/6 A S2
Heizleistung, minimal/maximal, A7/W35	5,40 ... 12,50 kW
Heizleistung, nominal, A7/W35	8,10 kW
Leistungszahl, COP, EN 14511, A7/W35	5,30
Leistungsaufnahme, effektiv, A7/W35	1,53 kW
Stromaufnahme, A7/W35	3,00 A
Heizleistung, A7/W45	8,10 kW
LeistungszahL COP, EN 14511, A7/W45	4,10
Leistungsaufnahme, effektiv, A7/W45	1,98 kW
Stromaufnahme, A7/W45	3,60 A
Heizleistung, A7/W65	11,40 kW
Leistungszahl, COP, EN 14511, A7/W65	2,30
Leistungsaufnahme, effektiv, A7/W65	4,96 kW
Stromaufnahme, A7/W65	7,90 A

Aufgabe 16

Zur Verdeutlichung der Auswirkungen des COP-Wertes für den späteren Betrieb der Wärmepumpe berechnen Sie die überschlägigen jährlichen Kosten für eine benötigte Wärmemenge von 11 000 kWh.

a) Berechnen Sie Betriebskosten bei einer niedrigen Vorlauftemperatur (FB-Heizung, A7/W35) und bei einer hohen Vorlauftemperatur (Radiatoren, A7/W65). Rechnen Sie mit einem aktuellen Wärmepumpentarif (z. B. 0,24 €/kWh). Nutzen Sie die auch die Herstellerinformationen in der vorherigen Aufgabe.

A7/W35

gegeben:

gesucht:

Lösung:

A7/W65

gegeben:

gesucht:

Lösung:

b) Berechnen Sie zusätzliche die groben Kosten, die beim Einsatz einer Gastherme (Gas: 0,13 €/kWh oder aktueller Gastarif) anfallen würden.

Gastherme

gegeben:

gesucht:

Lösung:

Name Klasse/Gruppe Datum

c) Nennen Sie Faktoren, die dazu führen, dass sich das Verhältnis der Kosten zwischen Strom und Gas ändert.

Aufgabe 17

Nennen Sie Ihrer Kundin mindestens zwei Möglichkeiten, die zu einer Absenkmöglichkeit bei der Vorlauftemperatur und damit zu Kosteneinsparungen führen können.

Aufgabe 18

Viele Wärmepumpensysteme bieten auch die Möglichkeit der Gebäudekühlung. Informieren Sie sich mit Hilfe der Herstellerunterlage zu den Besonderheiten bei der Kühlfunktion und nennen Sie mindestens fünf Dinge, die zu beachten sind.

Kälteübertragung in Radiatoren

Mit Radiatorkreisen darf nicht gekühlt werden! Im Kühlbetrieb bildet sich an Radiator-Heizkörpern und deren Zuleitungen Kondensat. Dies kann zu Schimmelbildung und Bauschäden führen.

Kühlung durch Flächensysteme

Die Kühlung durch Flächensysteme ist Teil eines sanften Temperierungssystems, dessen Anwendung durch den heute üblichen guten Wärmeschutz ermöglicht wird.

Beim Einsatz von Flächensystemen zum Kühlen ist es wichtig, die Oberflächentemperaturen zu begrenzen, um Kondensation zu vermeiden. Eine Möglichkeit besteht darin, eine Mindesttemperatur für die Vorlauftemperatur vorzusehen.

Bei Fußbodenheizungssystemen sollte die minimale Vorlauftemperatur nicht unter 18 °C gewählt werden. In der Praxis wird bei Wohnbauten im Kühlbetrieb von 18–20 °C Vorlauftemperatur und 21–23 °C Rücklauftemperatur ausgegangen.

Bei Fliesenböden kann mit einer spezifischen Kühlleistung von ca. 30–35 W/m² gerechnet werden.

Die Luftfeuchtigkeit im Gebäude ist abhängig von der Außenluft-Feuchtigkeit und den internen Lasten. Nur sehr wenige Stunden pro Jahr wird die Außenluft-Feuchtigkeit von 13 g/kg (18 °C Taupunkt) überschritten.

Bei verlegten Rohren im Estrich ist es möglich, durch eine gewisse Erwärmung des Wassers zwischen Mischer und Verteiler, die Vorlauftemperatur um ca. 1–2 °C tiefer zu wählen. Bei trocken verlegten Systemen sollte die Vorlauftemperatur grundsätzlich nicht tiefer sein als die Taupunkttemperatur.

Stellantriebe und Verteiler in Flächensystemen zur Kühlung

Für die Kühlfunktion werden an die Stellantriebe der Fußbodenheizung besondere Anforderungen gestellt. Die Stellantriebe müssen reversibel sein, das heißt im Kühlbetrieb werden die Stellantriebe mit einem Signal für den Kühlbetrieb funktionell invertiert.

Im Heizbetrieb schließt der Stellantrieb bei Überschreitung der entsprechenden Raumtemperatur. Im Kühlbetrieb muss der Stellantrieb bei Unterschreitung der entsprechenden Raumtemperatur schließen.

Zusätzlich wird darüber der Kühlbetrieb im Fußbodenkreis des Badezimmers komplett abgesperrt. Dazu ist ein elektrisch betätigtes Absperrventil notwendig. Bei Nassräumen wie Badezimmern wird grundsätzlich empfohlen, den Fußboden nicht zu kühlen, sondern bei Kühlbetrieb diesen Kreis zu schließen.

Aufgabe 19

Berechnen Sie der Kundin die maximale Kühlleistung für ihr Gebäude. Gehen Sie bei der Berechnung davon aus, dass das gesamte Gebäude mit einer Flächenheizung ausgestattet ist und das Badezimmer eine Fläche von 21 m^2 hat.

gegeben:

gesucht:

Lösung:

Aufgabe 20

Ihre Kundin hat gehört, dass Kältemittel nicht immer ungefährlich und auch nicht unbedingt umweltfreundlich sind. Erkundigen Sie sich zu mindestens zwei aktuell üblichen Kältemittel in Wärmepumpen und informieren Sie Ihre Kundin mit Hilfe der abgebildeten Informationen über die Gefahren für Mensch und Umwelt.

Sicherheitsgruppen Kältemittel		
A3	B3	leicht entflammbar
A2	B2	entflammbar
A2L	B2L	schwer entflammbar
A1	B1	nicht brennbar
geringe Giftigkeit	erhöhte Giftigkeit	

Kältemittel	Sicherheitsklasse	GWP (CO2-Äquvalent)	Selbstentzündungstemperatur	Maximal zulässige Oberflächentemperatur nach DIN EN 378-2:2018-04
			[°C]	[°C]
R290	A3	3	470	370
R454C	A2L	148	444	344
R454B	A2L	466	496	396
R32	A2L	675	648	548
R134a	A1	1430	743	n.a.
R407C	A1	1774	704	n.a.
R410A	A1	2088	Nicht definiert	n.a.
R404A	A1	3922	728	n.a.

Name Klasse/Gruppe Datum

Aufgabe 21

Zum Thema elektrischer Anschluss finden Sie in der Installationsanleitung den folgenden Hinweis.

„Wenn die Wärmepumpe mit einen Zweitarifzähler angeschlossen wird, dann muss bei Abschaltung der Spannungsversorgung durch den Energieversorger zusätzlich der Normaltarif (230 V) angeschlossen werden. Diese Maßnahme stellt sicher, dass Aktoren wie Umwälzpumpen, Regler, Umschaltventile und Mischer von der Abschaltung des Energieversorgers nicht betroffen sind und ihre Funktion aufrechterhalten werden kann."

a) Erläutern Sie, welchen Vorteil ein Zweitarifzähler haben kann. Beschreiben Sie auch den damit verbundenen Nachteil.

b) Stellen Sie den elektrischen Anschluss der Wärmepumpe zeichnerisch her. Die Klemmleiste X9 ist für den Normaltarif-Anschluss (230 V) vorgesehen. Die Klemmleiste X2 dient dem Sondertarif-Anschluss (400 V).

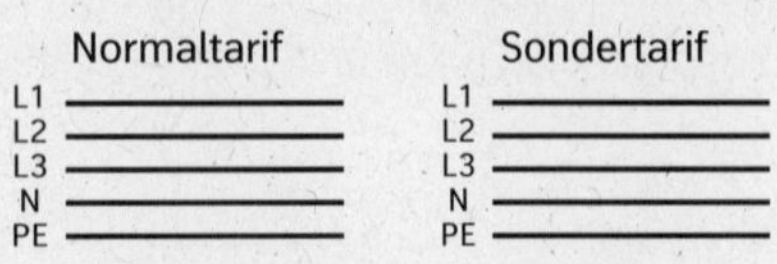

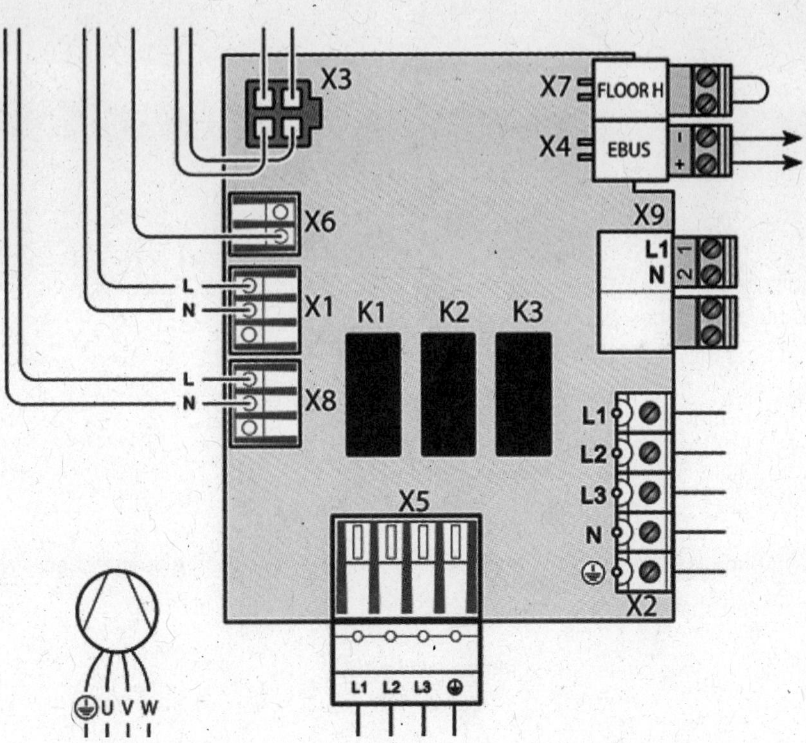

Lernfeld 12

Name Klasse/Gruppe Datum

13.1 Beratung zur zentralen Wohnungslüftung

In einem neu zu errichtenden Gebäude soll Ihre Firma auch eine Anlage zur zentralen Wohnungslüftung installieren. Sie sollen Ihre Kundschaft beraten, warum der Betrieb einer solchen Anlage sinnvoll ist und wie die Anlage funktioniert.

Aufgabe 1

Warum sollte die Wohnung ständig gelüftet werden?

Aufgabe 2

a) Als Beispiel für den Wassereintrag vom Menschen berechnen Sie, welche Wasserdampfabgabe entsteht, wenn zwei Personen acht Stunden im Schlafzimmer (Raumtemperatur ca. 20 °C) schlafend verbracht haben.

gesucht:

gegeben:

Lösung:

b) Um Ihren Kunden und Kundinnen das Problem zu verdeutlichen, geben Sie das Ergebnis in Litern an. (Sie dürfen ruhig großzügig die Zahl vereinfachen.)

Aufgabe 2

Damit die Luft in den Wohnräumen sich nicht verschlechtert, sollte diese regelmäßig ausgetauscht werden.

a) Welche Mindestluftwechselzahlen gelten für Wohn- und Schlafräume?

b) Erklären Sie Ihrer Kundschaft, was diese Zahl praktisch bedeutet.

Aufgabe 3

Rechts sehen Sie die Prinzipskizze einer zentralen Wohnungslüftung.

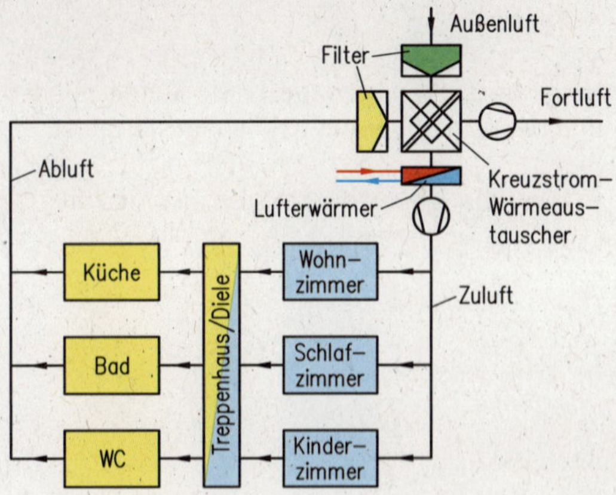

a) Welche wesentlichen Bauteile sind im Lüftungsgerät eingebaut?

b) Erklären Sie die folgenden Fachbegriffe:

Außenluft: Luft, die aus dem Freien angesaugt und dem Lüftungsgerät zugeführt wird

Zuluft:

Abluft:

Fortluft:

c) In welche Räume wird üblicherweise die Zuluft eingeleitet (Zuluftbereich)?

d) Aus welchen Räumen wird üblicherweise die Abluft abgesaugt (Abluftbereich)?

e) Räume zwischen diesen Räumen bilden den Überströmbereich. Welche Räume sind das?

f) Nach welchem Kriterium wird festgelegt, ob ein Raum als Zuluft- oder Abluftraum ausgewählt wird?

g) Die Außenluft wird gefiltert, um staubförmige Luftbelastungen der Umwelt aus dem Gebäude fernzuhalten. Warum ist es sinnvoll, auch die Abluft vor dem Eintritt in das Lüftungsgerät zu filtern?

Name Klasse/Gruppe Datum

Aufgabe 4

In der Herstellerunterlage hat Ihr Kunde gelesen, dass der Außenluftfilter serienmäßig mit „F5“ und optional mit „F7“ und der Abluftfilter mit „G1“ ausgestattet ist. Er fragt Sie nach der Bedeutung dieser Kurzzeichen.

a) Worüber geben die Kurzzeichen Auskunft?

b) Was bedeutet G1?

c) Was bedeutet F7?

Aufgabe 5

Der Vorteil dieser Lüftungsanlage ist, dass nicht nur die belastete Luft ausgetauscht wird, sondern dass, im Gegensatz zum Lüften über Fensteröffnung, ein großer Teil der in der Abluft enthaltenden Wärmeenergie zurückgewonnen wird.
Erklären Sie, wie dies im Kreuzstromwärmetauscher (Plattenwärmetauscher) erfolgt.

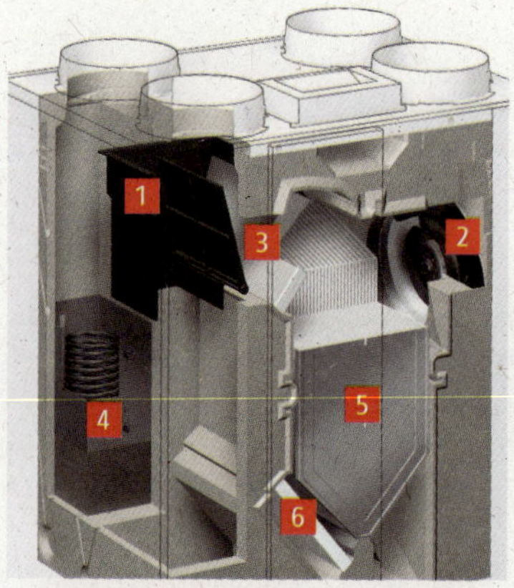

5 = Wärmetauscher
Abbildung: Viessmann Werke

Aufgabe 6

Ihre Kundin fragt Sie, wie groß die Energieeinsparung in ihrem Haus ist. Es wurde errechnet, dass für den Mindestluftwechsel 200 m^3/h Luft ausgetauscht werden müssen.

a) Welche Wärmeleistung ist erforderlich, um die 200 m^3/h von 5 °C auf 20 °C aufzuheizen? ($C_{pLuft} = 0{,}34 Wh/m^3 \cdot K$)

gesucht:

gegeben:

Lösung:

Name Klasse/Gruppe Datum

Aufgabe 6

An dem Gerät ist ein Kondensatanschluss, den Sie mit dem Abwassersystem verbinden müssen. Wo erwarten Sie den Kondesatanfall: in der Luftführung der Außenluft, die mit 5 °C in den Wärmetauscher einströmt, oder in der Luftführung der Abluft, die mit 20 °C in Wärmetauscher einströmt? Begründen Sie Ihre Aussage.

Aufgabe 7

Die Abluft hat eine relative Luftfeuchte von 60 % bei einer Temperatur von 20 °C. Überprüfen Sie mithilfe des Mollier-Diagramms (h, x-Diagramms), ab welcher Temperatur beim Abkühlen mit Kondensation zu rechnen ist.

Kondensation ab einer Temperatur von unter: ______

Aufgabe 8

a) Welche Temperaturen sind für die Zuluft und die Fortluft zu erwarten? Es gilt: Rückwärmezahl 0,8; Abluft = 20 °C; Außenluft = 5 °C (Wärmerückgewinnung)

gesucht:

gegeben:

Lösung:

b) Ist in der gegebenen Situation (siehe auch Aufgabe 7) mit Kondensatanfall im Gerät zu rechnen? Begründen Sie Ihre Aussage.

Aufgabe 9

Die Außenluft hat eine Temperatur von 5 °C bei einer Luftfeuchte von 60 %. Welche Luftfeuchte hat die Zuluft, wenn sie auf 20 °C erwärmt wird?

Luftfeuchte bei 20 °C: ______

Name | Klasse/Gruppe | Datum

Aufgabe 9

Das Gerät ist mit einer Bypassfunktion ausgestattet, mit dessen Hilfe die Außenluft nicht durch den Wärmetauscher geleitet wird.
Erklären Sie Ihrer Kundschaft den Sinn dieser Einrichtung. (Tipp: Die Bypasseinrichtung wird z. B. im Sommer genutzt, wenn die Nachtluft kühl geworden ist.)

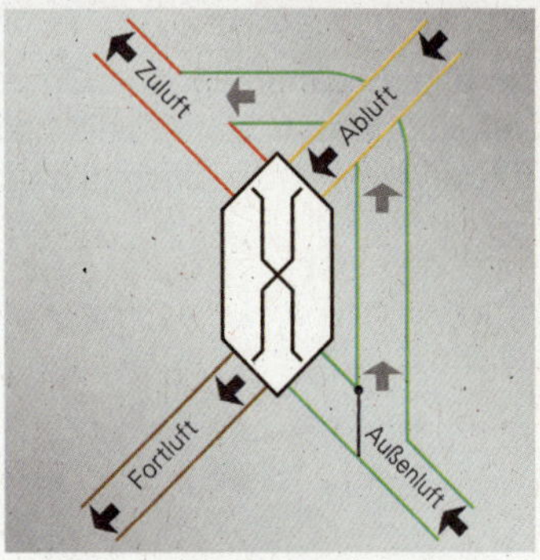

Abbildung: Viessmann Werke

Aufgabe 10

Ihr Kunde fragt, wie Sie die Luftkanäle verlegen. Er denkt an große Blechkanäle, die er sich aber in seinem Gebäude nicht vorstellen kann.
Rechts sehen Sie eine Prinzipskizze der von Ihrer Firma geplanten Kanalverlegung.

a) Wo sollen die Luftkanäle verlegt werden?

b) Wo sind die Kanäle sichtbar?

c) Welche Höhe muss für die Kanäle im Fußbodenaufbau vorgesehen werden?

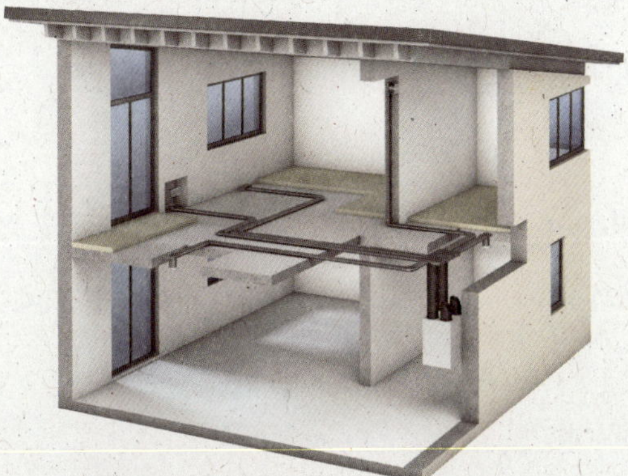
Abbildung: Viessmann Werke

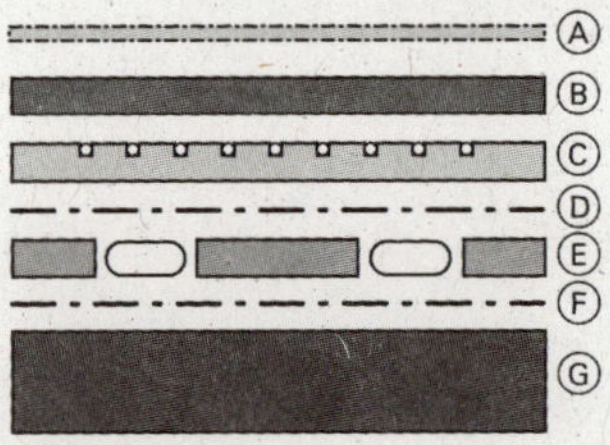

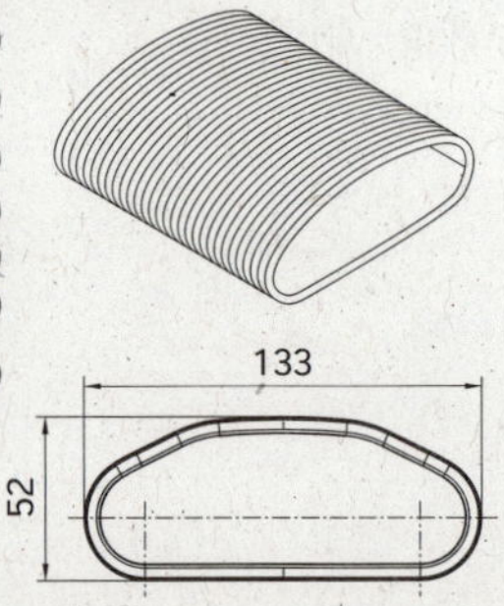

Ⓐ Bodenbelag
Ⓑ Zementestrich
Ⓒ Fußbodenheizung
Ⓓ Estrich oder Baufolie
Ⓔ Flachkanal mit Ausgleichsdämmung: 60 mm
Ⓕ Trittschalldämmung
Ⓖ Rohbeton

Aufgabe 11

Rechts sehen Sie ein Beispiel für die Anordnung von Zuluft- und Abluftventilen. A = Abluftventil, B = Zuluftventil Fußboden, C = Zuluftventil Wand, D = Zuluftventil Decke.

a) Zeichnen Sie ein, wie die Luft von den Zuluftventilen über die Überströmöffnungen in den Türbereichen zu den Abluftventilen strömt.

b) Warum sind alle Ventile nahe an den Außenwänden platziert?

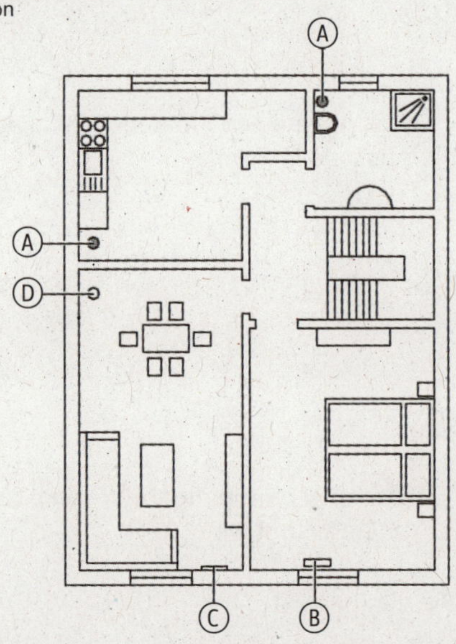

Abbildung: Viessmann Werke

Aufgabe 12

Neben der Lage im Grundriss muss bei der Anordnung der Ventile auch die Höhe berücksichtigt werden, in der sie angebracht werden.

Leiten Sie aus den beiden Darstellungen rechts eine allgemeine Regel ab, wie die Öffnungen zu platzieren sind.

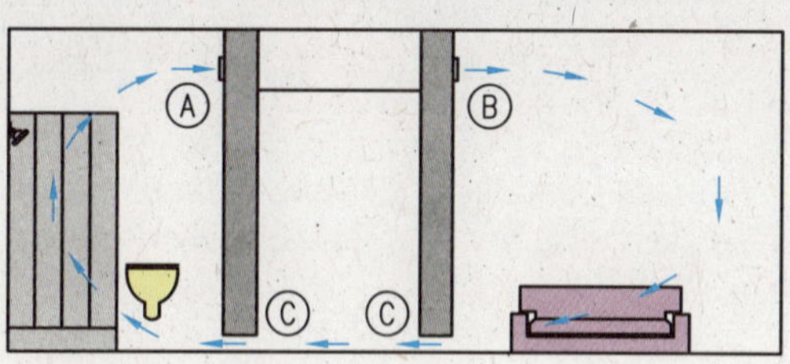

Überströmung über Türschlitz Ⓒ

Ⓐ Abluftventil Ⓑ Zuluftventil

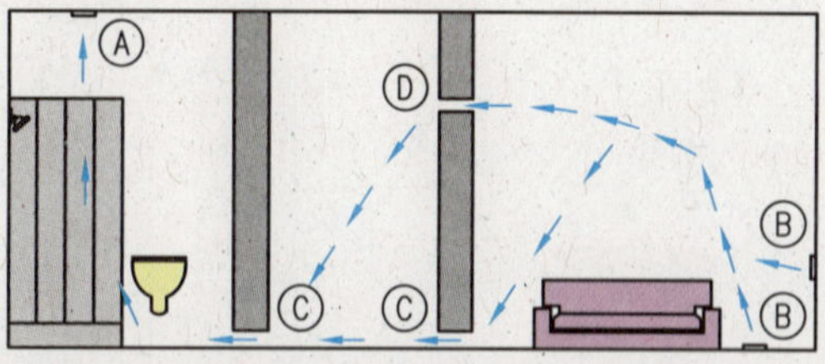

Überströmung über Türzarge Ⓓ und Türschlitz Ⓒ

Ⓐ Abluftventil Ⓑ Zuluftventil

Aufgabe 13

Nun fragt Ihre Kundin Sie, wie groß die Türschlitze sein müssen, damit die Überströmung erfolgen kann.

Welche Türschlitzhöhe ist z. B. für einen Volumenstrom von 30 m³/h ausreichend?

Spaltflächen gemäß DIN 1946-6

		Luftvolumenstrom in m³/h			
		10	20	30	40
Tür mit Dichtung					
Erforderliche Spaltfläche	cm²	25	50	75	100
Spalthöhe bei Türbreite 89 cm	mm	3	6	8	11

Aufgabe 14

Die wichtigste Frage für Ihre Kundschaft bleibt aber: Welche Vorteile bietet ihr die Anlage?

– hinsichtlich der Energieeffizienz:

– hinsichtlich des Komforts:

13.2 Planung einer zentralen Wohnungslüftung

Für ein Gebäude mit den abgebildeten Grundrissen soll die Lüftungsanlage ausgelegt werden.
Es gilt: freistehendes Gebäude, windschwache Gegend, Raumhöhe 2,5 m, Belegung 4 Personen.

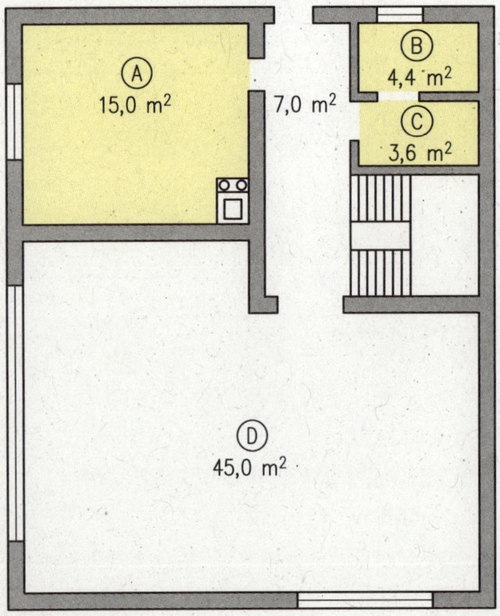

Erdgeschoss

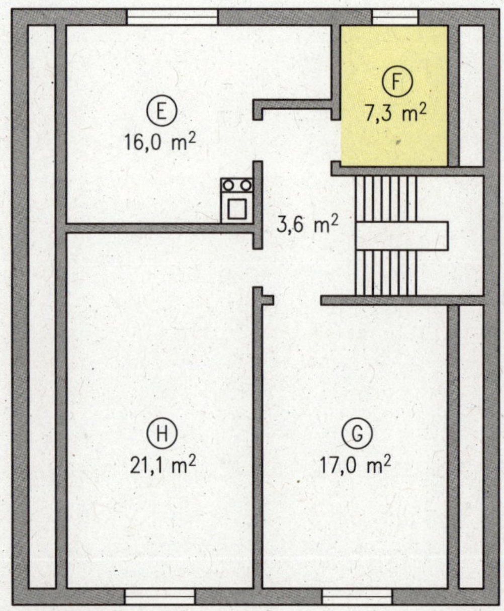

Dachgeschoss

Zuluftbereich	**Abluftbereich**
Ⓓ Wohnbereich	Ⓐ Küche
Ⓔ Schlafzimmer	Ⓑ WC
Ⓖ Kinderzimmer 1	Ⓒ Hauswirtschaftsraum
Ⓗ Kinderzimmer 2	Ⓕ Bad

Aufgabe 1

Berechnen Sie die Gesamtnutzfläche. (Alle Räume einschließlich Dielen.)

Lösung:

A_{NE} =

Aufgabe 2

Berechnen Sie den für die Nennlüftung erforderlichen Volumenstrom.
Es gilt folgende Formel: $q_{v,\,ges,\,NE,\,NL} = 1{,}15 \cdot A_{NE} + 20 - 0{,}001 \cdot A_{NE}^2$ (A_{NE} in m², $q_{v,\,ges}$ in m³/h)

Lösung:

$q_{v,\,ges,\,NE,\,NL}$ =

Aufgabe 3

Berechnen Sie den Volumenstrom nach Belegung. Es gilt: 30 m^3/h pro Person.

Lösung:

$q_{v,\,Bel} =$

Aufgabe 4

Berechnen Sie den Volumenstrom nach der Nutzungsart der (Abluft-)Räume.
Es gilt unabhängig von der Nutzfläche:

	Hauswirtschaftsraum, WC ...	je 25 m^3/h
	Küche, Bad ...	je 45 m^3/h

Lösung:

$q_{v,\,ges,\,R,\,ab} =$

Aufgabe 5

Für die weitere Dimensionierung betrachten Sie nur den größten der drei in den Aufgaben 2 bis 4 berechneten Volumenströme.

Betrag größter Volumenstrom: ____________________

Aufgabe 6

Jedes Gebäude hat Undichtigkeiten in seiner Außenhülle. So wird, unabhängig von dem Luftvolumen, das das Lüftungsgerät fördert, immer zusätzliche Luft eindringen und austreten.
Berechnen Sie den Infiltrationsvolumenstrom.

Es gelten die Formeln: $q_{v,\,Inf,\,wirk} = V_{NE} \cdot f_{wirk,\,Komp} \cdot n_{50} \cdot \left(f_{wirk,\,Lage} \cdot \frac{\Delta p}{50}\right)^n$ $\quad V_{NE} = A_{NE} \cdot \text{Raumhöhe}$

Es gelten die Werte: $f_{wirk,\,Komp} = 0{,}45$; $n_{50} = 1{,}0\ 1/h$; $f_{wirk,\,Lage} = 1$; $\Delta p = 2$; $n = 0{,}667$

Lösung:

$q_{v,\,Inf,\,wirk} =$

Aufgabe 7

Wenn Sie nun von dem erforderlichen Volumenstrom nach Aufgabe 5 den Infiltrationsvolumenstrom nach Aufgabe 6 abziehen, erhalten Sie den Volumenstrom, der von dem Lüftungssystem geliefert werden muss.

Lösung:

$q_{v,\,ges} =$

Wenn Sie alles richtig berechnet haben, müsste Ihr Ergebnis 143 m^3/h sein. Falls Sie ein anderes Ergebnis errechnet haben, überprüfen Sie Ihre Rechnungen. Finden Sie den Fehler nicht, nehmen Sie für die weiteren Berechnungen den Wert von 143 m^3/h.

Aufgabe 8

In Aufgabe 4 haben Sie die Mindestvolumenströme nach Nutzungsart bestimmt. Gemäß Aufgabe 7 ist der Gesamtvolumenstrom aber größer. Teilen Sie den in Aufgabe 7 errechneten Gesamtvolumenstrom auf die einzelnen Ablufträume auf.

Dazu müssen den Anteil bestimmen, den jeder Raum an der Summe der Mindestvolumenströme hat. Dieser berechnet sich wie folgt: Anteil = Mindestvolumenstrom nach Nutzung des Raums geteilt durch die Summe der Mindestvolumenströme; Abluftvolumenstrom = Anteil mal Gesamtvolumenstrom (siehe Aufgabe 7).

Raum	Mindestvolumenstrom nach Nutzungsart (in m^3/h)	Anteil	Abluftvolumenstrom (in m^3/h)
Küche	45		
WC	25		
Hauswirtschaftsraum	25		
Bad	45		
Summe	140		

Aufgabe 9

Der Gesamtvolumenstrom, der über die Ablufträume abgesaugt wird, muss auch über die Zulufträume zuströmen. Teilen Sie nun den Volumenstrom auf die Räume auf.

Es gilt nach DIN 1946-6:

Raum	Faktor zur Aufteilung der Zuluftvolumenströme
Wohnzimmer	3
Schlaf-/Kinderzimmer	2
Esszimmer Arbeitszimmer Gästezimmer	1,5

Dazu müssen Sie auch hier den Anteil bestimmen, den jeder Raum am Gesamtvolumenstrom hat. Dieser berechnet sich wie folgt: Anteil = Raumfaktor des jeweiligen Raumes geteilt durch die Summe aller Raumfaktoren; Zuluftvolumenstrom = Anteil mal Gesamtvolumenstrom (siehe Aufgabe 7).

Raum	Faktor nach DIN 1946-6	Anteil Zuluftvolumenstrom	Zuluftvolumenstrom (in m^3/h)
Wohnzimmer			
Schlafzimmer			
Kinderzimmer 1			
Kinderzimmer 2			
Summe			

Aufgabe 10

Ermitteln Sie nun die Anzahl der Zuluft- und Abluftventile. Es gilt: Je Ventil können maximal 45 m^3/h vorgesehen werden. Eine Ausnahme ist die Küche, hier sind 60 m^3/h zulässig.

Zulufträume	Zuluftvolumenstrom	Anzahl der Ventile
Wohnzimmer		
Schlafzimmer		
Kinderzimmer 1		
Kinderzimmer 2		

Ablufträume	Abluftvolumenstrom	Anzahl der Ventile
Küche		
WC		
Bad		
Hauswirtschaftsraum		

Aufgabe 11

a) Überprüfen Sie, welcher Luftwechsel sich ergibt, wenn der oben errechneten Volumenstrom, in das Wohnzimmer einströmt.

Es gilt: Grundfläche: 45 m^2; Raumhöhe: 2,5 m; Zuluftvolumenstrom: 47,6 m^3/h

gesucht:

gegeben:

Lösung:

b) Für Wohnräume werden Luftwechselzahlen von 0,3 bis 0,8 1/h empfohlen. Ist der Luftwechsel, der sich aus dem Zuluftvolumenstrom ergibt, korrekt? Begründen Sie Ihre Aussage.

c) Überprüfen Sie nun den Luftwechsel für das WC.

Es gilt: Grundfläche: 4,4 m^2; Raumhöhe: 2,5 m; Abluftvolumenstrom: 25,6 m^3/h

gesucht:

gegeben:

Lösung:

d) Für Toilettenräume in Wohnungen werden Luftwechselzahlen von 2 bis 4 1/h empfohlen. Ist der Luftwechsel, der sich aus dem Zuluftvolumenstrom ergibt, korrekt? Begründen Sie Ihre Aussage.

Aufgabe 12

In der Herstellerunterlage lesen Sie die folgenden Empfehlungen für die Küchen. Überlegen Sie sich für jede Empfehlung eine Begründung.

„Die Dunstabzugshaube nicht an das Abluftsystem der Lüftung anschließen. (Eine Dunstabzugshaube hat einen Volumenstrom von > 300 m^3/h.)"

Begründung:

„Eine Dunstabzugshaube ist im Umluftbetrieb zu nutzen."

Begründung:

„Das Abluftventil ist mit einem bestimmten Abstand zur Dunstabzugshaube zu platzieren."

Begründung:

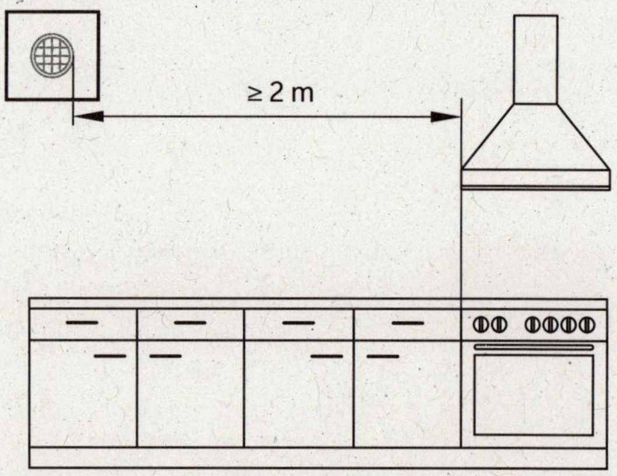

Aufgabe 13

Zur Platzierung von Abluftventilen lesen Sie in den Planungsunterlagen des Herstellers u. a. folgende Empfehlungen. Überlegen Sie sich für jede Empfehlung eine Begründung.

„Als Abluftventile werden Decken- und Wandventile (im oberen Bereich der Wand) eingesetzt."

„Ventile nicht direkt über Heizkörpern installieren."

„Einen Mindestabstand in den Raumecken von 25 cm einhalten."

Aufgabe 14

Die Luftführung durch die Überströmräume soll über Türspalte erfolgen. Betrachten Sie die Räume B = WC und C = Hauswirtschaftsraum.

a) Welcher Abluftvolumenstrom muss durch den Türspalt des Hauswirtschaftsraums strömen?

$\dot{V} =$

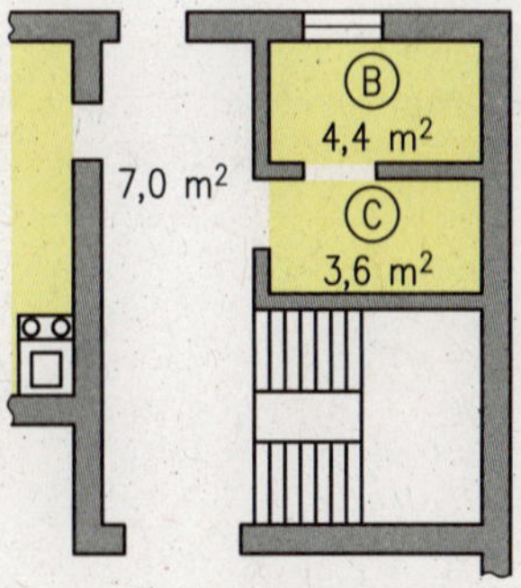

Spaltflächen gemäß DIN 1946-6

		Luftvolumenstrom in m³/h									
		10	20	30	40	50	60	70	80	90	100
Tür mit Dichtung											
Erforderliche Spaltfläche	cm²	25	50	75	100	125	150	175	200	225	250
Spalthöhe bei Türbreite 89 cm	mm	3	6	8	11	14	17	20	22	25	28

b) Welche Spalthöhe wäre bei einer Türbreite von 89 cm erforderlich?

c) Können Sie das dem Kunden empfehlen? Argumentieren Sie und machen Sie eventuell alternative Vorschläge.

13.3 Installation eines Lüftungsgeräts und Inbetriebnahme

Während fast alle Rohrleitungen zur Luftführung im Zeitraum der Rohbauphase des Gebäudes verlegt wurden, installieren Sie das Lüftungsgerät erst während der Endmontage. So wird die Gefahr der Verschmutzung oder Beschädigung verringert.

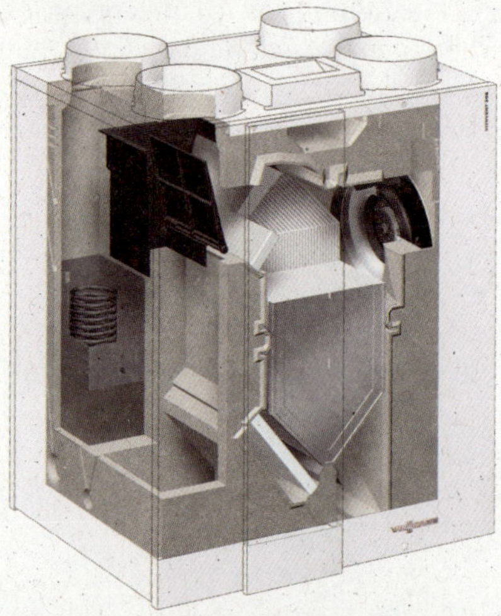
Abbildung: Viessmann Werke

Aufgabe 1

Das Gerät soll möglichst „innerhalb der wärmegedämmten Gebäudehülle“ installiert werden.

Erklären Sie Ihrer Kundschaft den Sinn dieser Regel. (Tipp: In dem Gerät fällt bei tiefen Außentemperaturen Kondenswasser an.)

Aufgabe 2

Das Lüftungsgerät soll an der Wand aufgehängt werden. Warum ist es erforderlich, bei der Montage Gummischeiben (A) und Gummiabstandshalter anzubringen?

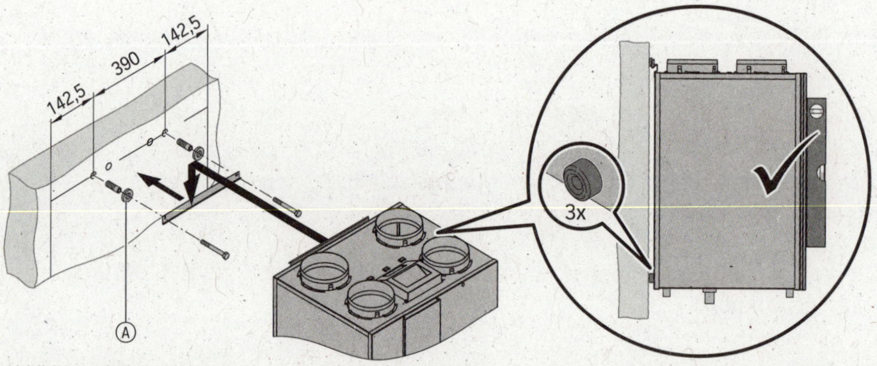

Abbildung: Viessmann Werke

Aufgabe 3

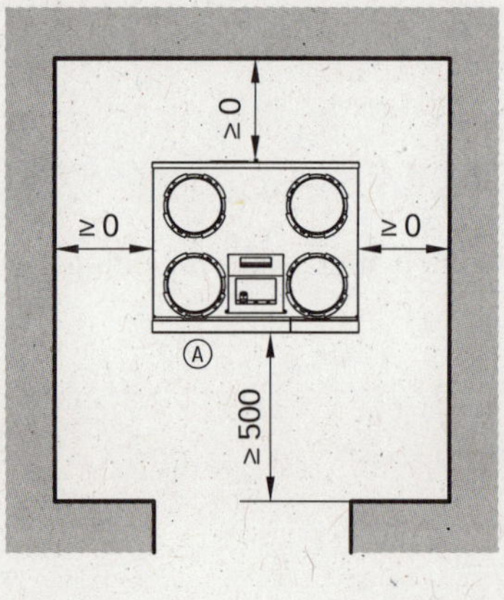

Links sehen Sie einen Hinweis zu den Mindestabständen, die bei der Montage des Geräts zu beachten sind.

a) Können Sie das Gerät in einer Raumecke installieren? Begründen Sie Ihre Aussage.

b) Welche Anforderung gilt für die Vorderseite und was ist der Grund für diese Anforderung?

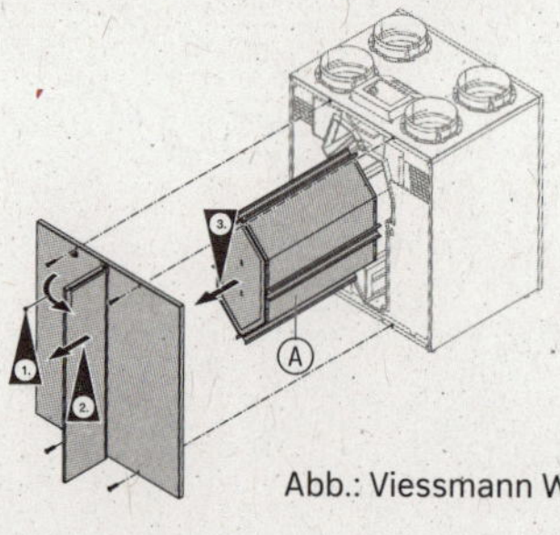

Abb.: Viessmann Werke

Name Klasse/Gruppe Datum

Aufgabe 4

Sie müssen die Verbindungsleitung zu der Außenluft- und Fortluftdurchführung verlegen. Die Herstelleranleitung schreibt für diese Rohre eine diffusionsdichte Wärmedämmung vor.

a) Was könnte bei diesen Rohren, insbesondere bei tiefen Außentemperaturen, geschehen, wenn sie nicht wärmegedämmt wären? Begründen Sie Ihre Aussage.

b) Was könnte bei tiefen Außentemperaturen passieren, wenn die Wärmedämmung nicht diffusionsdicht wäre? (Unter Diffusion versteht man hier das Eindringen von Wasserdampf in das Dämmmaterial.)

c) Zuluft- und Abluftleitungen müssen nicht wärmegedämmt werden. Warum müssen sie hier nicht gedämmt werden?

Aufgabe 5

Zum Thema Netzanschluss lesen Sie in der Anleitung des Herstellers Folgendes: „Das Gerät wird steckerfertig ausgeliefert. Netzanschlussstecker in separat abgesicherte Schuko-Steckdose 230 V/50 Hz einstecken."

a) Können Sie das Gerät mit dem Netz verbinden, auch wenn Sie keine „Elektrofachkraft" sind?

b) Wie können Sie klären, ob die Steckdose separat abgesichert ist?

Name Klasse/Gruppe Datum

Aufgabe 6

Wenn das elektrische Vorheizregister in Betrieb ist, hat das Gerät eine elektrische Leistungsaufnahme von 1 138 W. Der elektrische Anschluss ist mit 16 A abgesichert.
Überprüfen Sie, ob die Bemessungsstromstärke der Sicherung ausreicht. Bewerten Sie Ihr Ergebnis.

gesucht:

gegeben:

Lösung:

Aufgabe 7

Bevor Sie das Gerät in Betrieb nehmen, müssen Sie das Wohnungslüftungssystem überprüfen.
Hier sollen Sie u. a. prüfen, ob die Außenluft-, Zuluft-, Abluft- und Fortluftöffnungen alle freien Durchgang haben.

a) Warum könnten Öffnungen verschlossen sein? (Bedenken Sie, dass einige Öffnungen bereits während der Rohbauphase installiert wurden.)

b) In der Herstellerunterlage wird gefordert, dass Sie überprüfen, ob in den Räumen raumluftabhängige Heizgeräte (z. B. ein Kaminofen) installiert sind. Welche Probleme können bei derartigen Geräten beim Betrieb in be- oder entlüfteten Räumen auftreten?

Aufgabe 8

Das Gerät hat vier Lüftungsstufen, die der Kunde je nach Situation auswählen kann.

Lüftungsstufe		Situation
1	Grundlüftung, minimaler Luftvolumenstrom	leeres Gebäude, z. B. bei Urlaub
2	reduzierte Lüftung, reduzierter Luftvolumenstrom	wenig Personen im Gebäude, z. B. Montag bis Freitag tagsüber
3	normale Lüftung, normaler Luftvolumenstrom	normale Nutzung des Gebäudes durch mehrere Personen
4	Intensivlüftung, maximaler Luftvolumenstrom	• vermehrte Geruchsbildung, z. B. beim Kochen • erhöhte Luftfeuchte, z. B. beim Duschen • Nutzung des Gebäudes durch viele Personen, z. B. bei einer Feier

Sie müssen die Luftvolumenströme an dem Lüftungsgerät einstellen. Für das Gebäude wurde ein Nennvolumenstrom von 143 m^3/h errechnet. Das Gerät kann einen maximalen Volumenstrom von 300 m^3/h liefern.

Berechnen Sie für jede Lüftungsstufe den Volumenstrom entsprechend der Prozentvorgabe des Herstellers. Ihr Nennvolumenstrom von 143 m^3/h entspricht 50 %. (Runden Sie großzügig auf volle m^3/h auf.)
Berechnen Sie anschließend, welche Prozentzahlen sich, bezogen auf den maximalen Volumenstrom von 300 m^3/h als 100 %, ergeben. (Runden Sie großzügig auf volle % auf.)

Lüftungsstufe	Herstellervorschlag	eingestellter Volumenstrom	Prozentzahl eingestellt
1	15 %		
2	25 %		
3	50 %	143 m^3/h	
4	75 %		

Aufgabe 9

Nachdem Sie am Lüftungsgerät den Nennvolumenstrom eingestellt haben, müssen Sie die Zuluft- und Abluftventile einstellen. Welches der abgebildeten Anemometersets würden Sie für das Einregeln der Tellerventile verwenden? Begründen Sie Ihre Aussage.

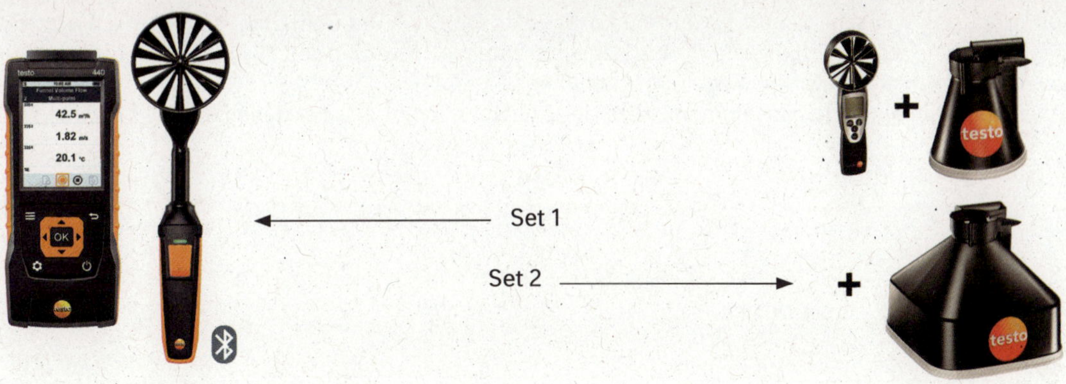

14.1 Aufbau und Funktion der zu regelnden Anlage

Die Installation der Heizungsanlage mit ihren Anlagenkomponenten kann ohne ein fachgerecht geplantes, fehlerfrei installiertes und optimal eingestelltes Regelsystem nicht beziehungsweise nicht optimal funktionieren. Richtig ausgewählte Regelkomponenten und fachgerecht eingestellte Regler bilden die Voraussetzungen für einen energiesparenden Heizbetrieb und eine richtige Raumtemperatur.

Moderne Regler sind in der Lage, die Systemtemperaturen bei Warmwasserheizungen in Abhängigkeit des Bedarfs zu verändern. Damit wird eine Überversorgung vermieden, die Verteilungsverluste werden minimiert und die Energieeffizienz moderner Wärmeerzeuger wird gesteigert.

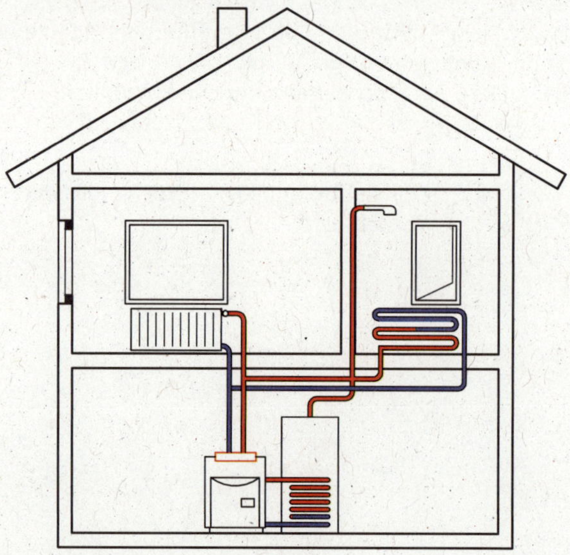

Aufgabe 1

Gibt es bestimmte Vorschriften, die beim Einrichten der Regelanlage von Heizungssystemen zu beachten sind? Begründen Sie Ihre Antwort und nennen Sie mögliche wichtige Vorgaben:

Aufgabe 2

Nach Ihrer Beratung wünscht sich Ihre Kundschaft, dass für ihr Haus mit dem oben schematisch angedeuteten Heizungssystem eine außentemperaturgeführte Regelung eingesetzt werden soll. Sie möchte aber wissen, wie und mit welchen Bauteilen eine derartige Regelung funktioniert.
Erklären Sie kurz, wie durch das Zusammenwirken der einzelnen Regelteile der Regelvorgang geschieht.

Aufgabe 3

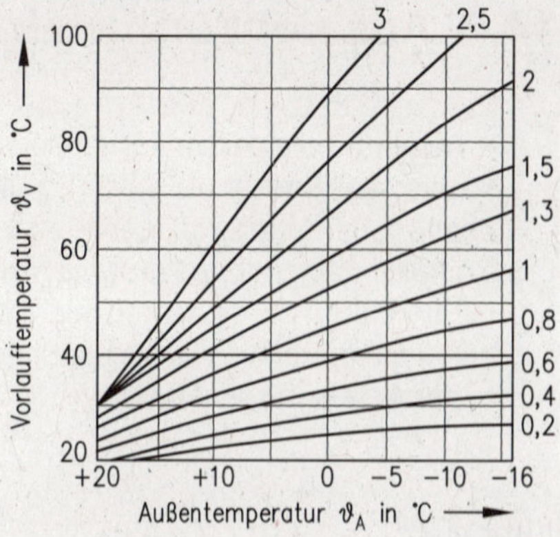

Welche Heizkennlinie müssen Sie am Regler einstellen, wenn bei einer Außentemperatur von −5 °C eine Vorlauftemperatur von 58 °C berechnet worden ist?
Tragen Sie die Koordinaten in das Diagramm ein und geben Sie den Kurvenwert an.

einzustellende Heizkurve: ______

Aufgabe 4

Einfaches Beobachten kann dabei helfen zu überprüfen, ob die richtige Heizkurvenwahl erfolgte. Ergänzen Sie die folgenden Beobachtungen um die richtigen Entscheidungen:
Steigt die Raumtemperatur bei sinkender Außentemperatur, so muss die gewählte Heizkurve ...

____.

Sinkt die Raumtemperatur bei sinkender Außentemperatur, so muss die gewählte Heizkurve ...

____.

Ist die Raumtemperatur generell zu niedrig, muss die Kennlinie ...

____.

Ist die Raumtemperatur bei kalten Temperaturen korrekt, aber bei wärmeren Temperaturen (z. B. 10 °C) zu kühl, ist die Kennlinie ...

____

____.

Aufgabe 5

Zum energiesparenden Heizen muss die Zeitschaltfunktion des Reglers nach den Nutzungsgewohnheiten der Bewohnerinnen und Bewohner programmiert werden. Sie erfahren folgende Nutzungszeiten: Wochentags (P1) Normalbetrieb von 05:00 bis 08:00 und von 15:00 bis 21:00 Uhr. Samstags und sonntags (P2) soll der Absenkbetrieb um 07:30 Uhr enden und von 12:00 bis 15:00 und von 17:00 bis 20:00 Uhr wieder einsetzen.
Sichern Sie die Schaltzeiten in der Tabelle, indem Sie diese den Schaltpunkten (P1.1 usw.) entsprechend zuordnen. Tragen Sie zudem die beiden Zeitprogramme zur Übersicht in das Schaltzeitendiagramm ein. Bezeichnen Sie die einzelnen Schaltpunkte mit P1.1, P1.2 bzw. mit P2.1, P2.2 usw.

Wochenprogramm P1					**Wochenendprogramm P2**					
Normalbetrieb					**Normalbetrieb**					
	Schaltpunkt	**Uhrzeit**	**Schaltpunkt**	**Uhrzeit**	**Schaltpunkt**	**Uhrzeit**	**Schaltpunkt**	**Uhrzeit**	**Schaltpunkt**	**Uhrzeit**
Einschaltzeitpunkt	P1.1		P1.3		P2.1		P2.3		P2.5	
Ausschaltzeitpunkt	P1.2		P1.4		P2.2		P2.4		P2.6	

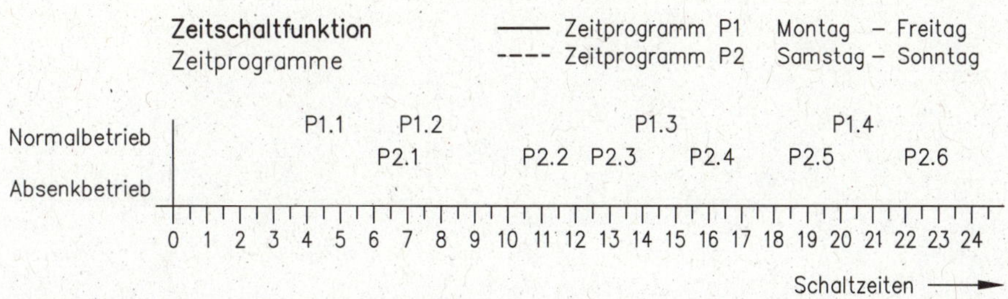

Name Klasse/Gruppe Datum

14.2 Auswahl und elektrische Anbindung der Systemkomponenten

Der Regler ist die zentrale Stelle eines Heizungsregelungssystems: Zu ihm führen alle Regelkomponenten und alle Stellglieder erhalten von ihm ihre Stellbefehle. Nun müssen Sie für die fachgerechte Platzierung aller Regel-Systemkomponenten und deren fehlerfreien elektrischen Anschluss sorgen, um damit die Voraussetzung für die fehlerfreie Funktion der Anlage zu schaffen.

Aufgabe 1

In Heizungsregelungen kommen sowohl stetige Regelungen als auch Zweipunktregelungen zum Einsatz.

a) Worin unterscheiden sich die Arbeitsweisen dieser beiden Regelungen und für welche Aufgaben werden sie jeweils eingesetzt?

Funktion der Zweipunktregelung:

Funktion der stetigen Regelung:

Einsatzbereich der Zweipunktregelung:

Einsatzbereich der stetigen Regelung:

b) Tragen Sie die beiden Regelvorgänge in die vorbereiteten Regeldiagramme ein:

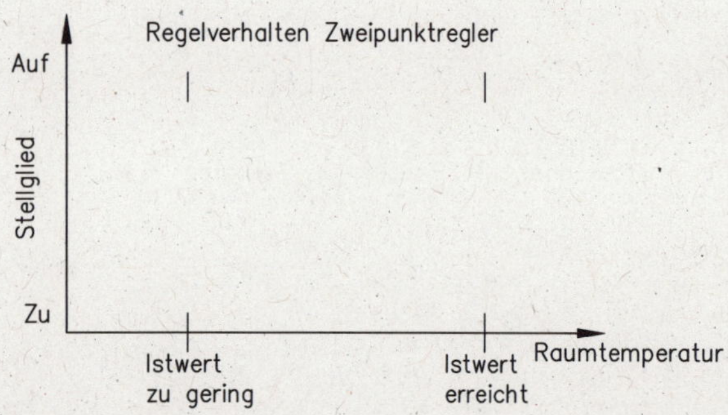

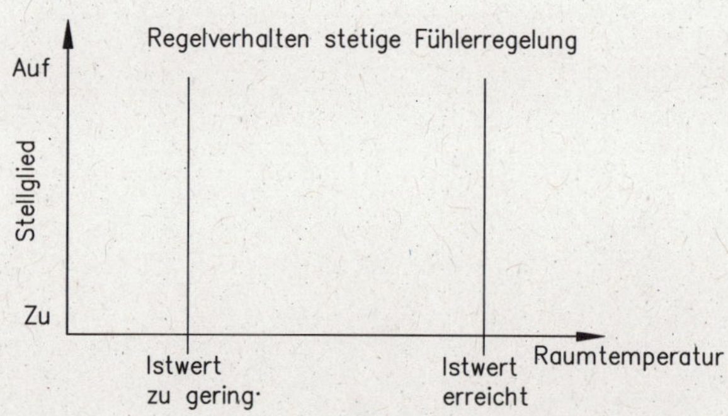

Name Klasse/Gruppe Datum

Aufgabe 2

Nebenstehend sehen Sie nochmals das Übersichtsschema der Heizungsanlage, die Sie bereits im vorhergehenden Kapitel kennengelernt haben. Wie viele Regelkreise müssen für diese Anlage vorgesehen werden?
Nummerieren Sie die einzelnen Regelkreise an den richtigen Stellen im Schema und geben Sie an, um welchen Heizkreis es sich dabei handelt:

Regelkreis 1: ____________________

Regelkreis 2: ____________________

Regelkreis 3: ____________________

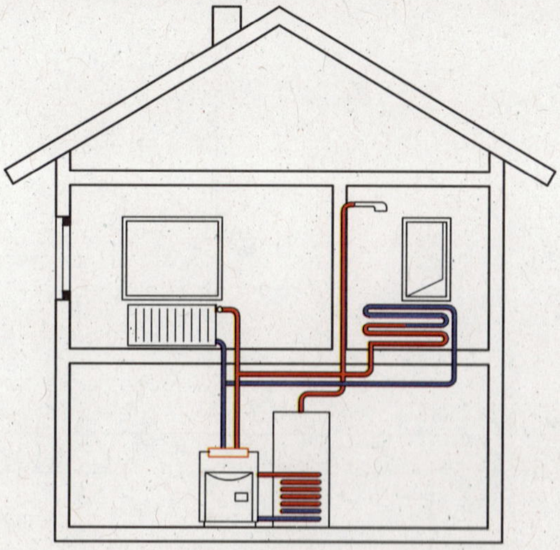

Aufgabe 3

Auf der nächsten Seite ist das Hydraulikschema der Heizanlage dargestellt. Unten sehen Sie eine Auflistung aller verbauten Einheiten.

a) Ergänzen Sie in dem Hydraulikschema die Pumpen und die Dreiwegeventile an den fachlich korrekten Stellen. Beziffern Sie die Bauteile mit den entsprechenden Positionsnummern.
Wo noch wasserführende Leitungen fehlen, ergänzen Sie diese ebenfalls.

b) Ergänzen Sie in dem Schema alle Fühler und die Brenneransteuerung. Beziffern Sie die Bauteile mit den entsprechenden Positionsnummern. Verbinden Sie diese elektrischen Bauteile mit dem Zentralregler. (Achten Sie beim Zeichnen darauf, dass möglichst wenige Kreuzungspunkte der Leitungen entstehen.)

c) Kennzeichnen Sie jede einzelne elektrische Verbindungsleitung in Ihrem Regelschema mit der Anzahl der Adern, damit der Monteur später die Kabel mit der richtigen Aderzahl verlegen kann. (Sinnbilder, Schaltschema)

Positionsnummer	Symbol	Bennennung	Positionsnummer	Symbol	Bennennung
1		Zentralregler	10		Heizkörper (Radiator)
2		Pumpe Fußbodenheizung	11		Fußbodenheizung
3		Außenfühler	12	T	Maximalbegrenzer Fußbodenheizung
4	T	Vorlauffühler Kessel	13		Speicherladepumpe
5	T	Speicherfühler	14		Warmwasserspeicher
6		Raumfühler	15		Brenner
7		Brenneransteuerung	16	T	Fühler-Vorlauf Fußbodenheizung
8	G	Heizkessel	17	H	Dreiwegeventil Regelkreis Fußbodenheizung
9		Pumpe Heizkörperregelkreis	18	H	Dreiwegeventil Heizkörper (Radiator) Regelkreis

Name Klasse/Gruppe Datum

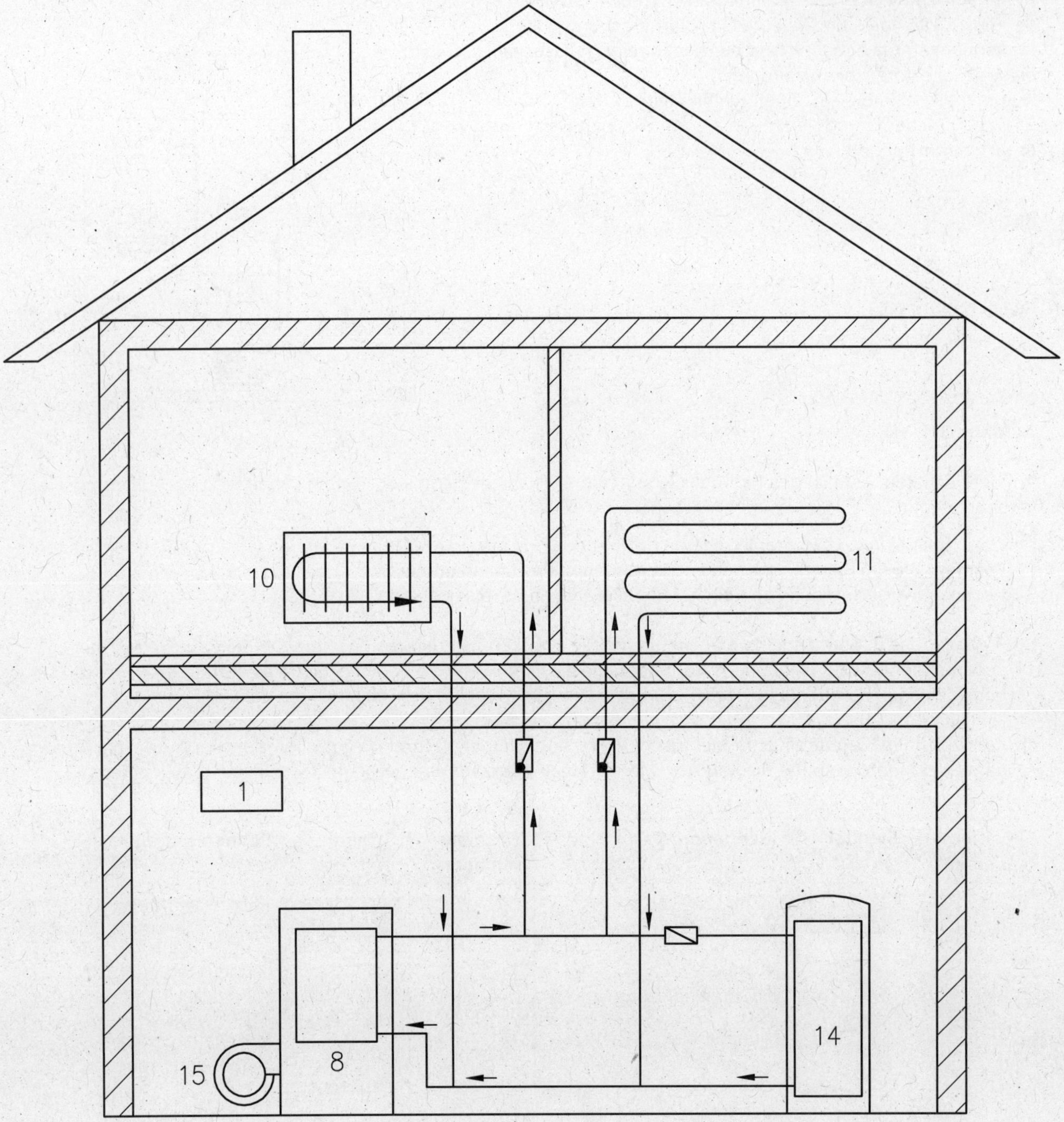

Name Klasse/Gruppe Datum

Aufgabe 4

a) Angenommen, Sie stellen fest, dass bei der Installation der Regelanlage vergessen wurde, den Maximalbegrenzer-thermostat für die Fußbodenheizung anzuschließen.
Welche Folgen könnte diese Unterlassung haben?

b) Sie sehen nebenstehend einen Ausschnitt des Anschlussplans des Reglers. Nur der Teil der Pumpe für die Fußbodenheizung ist dargestellt.
Berichtigen Sie die Schaltung, indem Sie den vergessenen Maximalbegrenzer der Fußbodenheizung in den Anschlussplan einfügen:

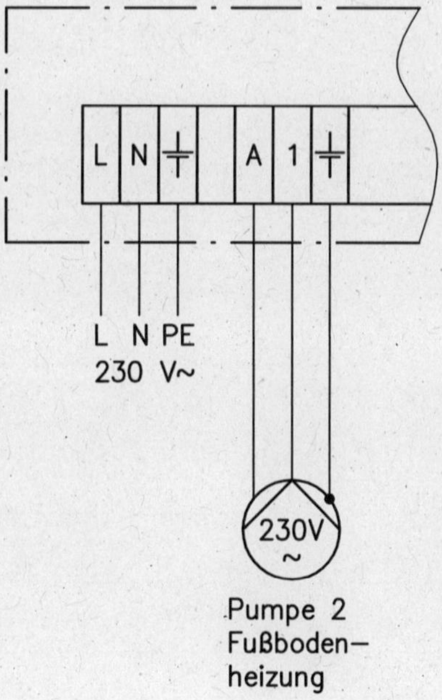

Aufgabe 6

Darf die Anschlussleitung für die Temperaturfühler beliebig lang sein und einen beliebigen Querschnitt haben? Begründen Sie Ihre Antwort.

Name Klasse/Gruppe Datum

14.3 Regelvorgänge bei modulierenden Gasbrennern

Um moderne Anlagen mit einem guten Anlagenwirkungsgrad betreiben zu können, ist es erforderlich, die Heizleistung des Wärmeerzeugers an den wechselnden Wärmebedarf der Anlage anzupassen. Dies ist mit modulierenden Brennern möglich.

Aufgabe 1

Eine außentemperaturgeführte Heizungsregelung ordnet entsprechend der Heizungskennlinie einer bestimmten Außentemperatur eine bestimmte Vorlauftemperatur zu (in dem Beispiel unten 45 °C).
Machen Sie Ihrer Kundschaft den Vorteil eines modulierenden Brenners gegenüber einem nicht modulierenden deutlich. Der nicht modulierende Brenner arbeitet mit einer Schaltdifferenz von +/– 5 K.

a) Ergänzen Sie in dem Diagramm unten zu den Kennlinien des modulierenden Brenners (grün; Vorlauftemperatur: durchgezogene Linie, Leistung: gestrichelte Linie) die Kennlinien des nicht modulierenden Brenners (rot; Vorlauftemperatur: durchgezogene Linie, Leistung: gestrichelte Linie). Es soll nur das Prinzip deutlich werden, daher nehmen Sie fehlende Werte einfach an.

b) Welche Nachteile hat der nicht modulierende Brenner?

c) Die Regelung passt beim modulierenden Brenner ständig die Leistung an den aktuellen Bedarf an. (Modulation)
Was muss sie verändern, damit sich die Wärmeabgabe des Brenners ändert, und wie geschieht dies praktisch?

Name Klasse/Gruppe Datum

Aufgabe 2

Welche Werte müssen Sie messen, wenn Sie die Funktion dieses Regelvorgangs überprüfen wollen?
Welche Messgeräte benutzen Sie dazu? Füllen Sie die Tabelle aus.

zu messender Wert	Messgerät

Die Funktion der Regelung lässt sich sehr einfach bei einem Kombigerät überprüfen. Hier kann man die Auslauftemperatur und -menge beim Warmwasserzapfen schnell und einfach verändern.

Versuch 1:

Die gewünschte Auslauftemperatur wurde bei gleich bleibendem Volumenstrom ständig gesenkt. Es ergaben sich die folgenden Wertepaare. Übertragen Sie die Wertepaare in das Diagramm. Zeichnen Sie eine Linie ein, die alle Punkte ungefähr miteinander verbindet.

Spannung am Gasregelventil (V)	Druck am Brenner (mbar)
8,3	5,3
7,1	4,0
6,0	2,9
4,0	1,3

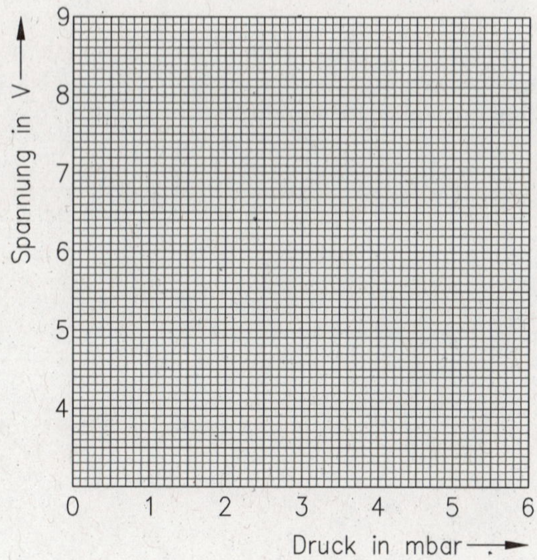

Funktioniert die Regelung wie gewünscht? Kann das Gerät also, wenn tiefere Auslauftemperaturen (bei der Heizung Vorlauftemperaturen) gewünscht werden, seine Leistung verringern? Begründen Sie Ihre Aussage.

Versuch 2:

Bei gleicher Auslauftemperatur wurde der Auslaufvolumenstrom ständig verringert. Es ergaben sich folgende Wertepaare:

Volumenstrom (l/min)	Spannung am Gasregelventil (V)
7,5	8,5
6	7,6
5	6,0
4	5,2
3	3,5
2	Wechsel zwischen 2,5 und 0

a) Kann das Gerät im Prinzip seine Leistungsabgabe verschiedenen Volumenströmen anpassen? Begründen Sie Ihre Aussage.

b) Was ist bei 2 l/min passiert? (0 V heißt: Gasventil geschlossen)

Name Klasse/Gruppe Datum

14.4 Elektrische Anschlüsse, Schaltungen und Verdrahtung der Komponenten

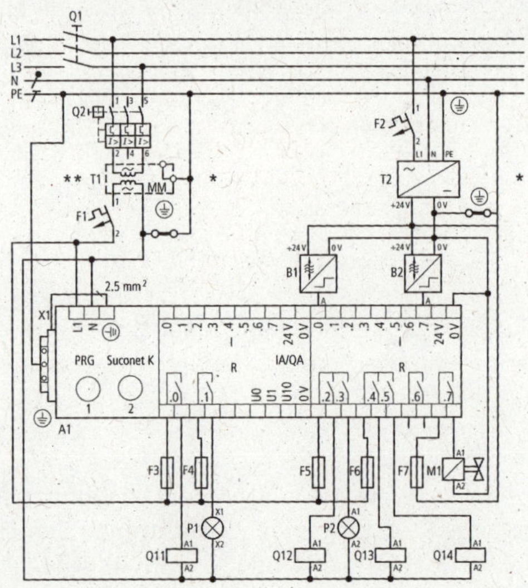

Die Kenntnisse von Anlagenmechanikerinnen und -mechanikern SHK beschränken sich nicht nur auf den mechanischen Anlagenteil eines Heizungssystems. Auch die elektrische Anlage mit all seinen Komponenten kann von ihnen geplant, montiert und angeschlossen werden. Da in diesem elektrischen Bereich auch Störungen auftreten können, die analysiert und behoben werden müssen, ist im Folgenden eine Auseinandersetzung mit elektrischen Schalt- und Anschlussplänen notwendig.

Die Grundlage elektrischer Schaltpläne bilden die Schaltzeichen. Sie dienen der Darstellung von elektrischen Bauteilen, Geräten, Anlagen und Leitungen.

Aufgabe 1

a) Im Folgenden sind verschiedene Schaltzeichen (Schaltelemente zur Betätigung) dargestellt. Ordnen Sie jedem Schaltzeichen seine entsprechende Funktion zu:
Schließer unbetätigt, Wechsler unbetätigt, Öffner betätigt, Wechsler betätigt, Schließer betätigt, Öffner unbetätigt

Schaltzeichen					
	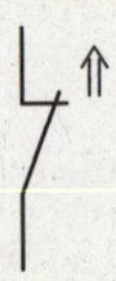		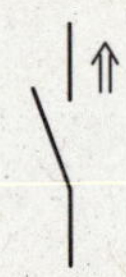	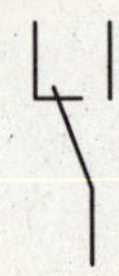	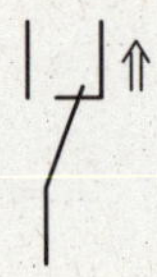
Erklärung der Funktion					
Schließer unbetätigt *(Beispiel)*					

b) Können die Schaltzeichen frei gestaltet werden oder unterliegen sie einer Normung? Begründen Sie Ihre Antwort.

Aufgabe 2

Um die Funktion des Heizungssystems zu realisieren, ist es notwendig, die geforderten schalt- und regeltechnischen Bedingungen in eine fachlich einheitlich festgelegte Darstellungsweise zu bringen. Diese Aufgaben übernehmen Schaltpläne, in denen Verbindungen der verschiedenen elektrischen Betriebsmittel dargestellt werden. Welche Informationen müssen Schaltpläne mindestens enthalten?

Name Klasse/Gruppe Datum

Aufgabe 3

All diese Informationen können aus Gründen der Übersichtlichkeit nicht in einem einzigen Schaltplan enthalten sein. Man verwendet hierfür verschiedene Schaltplanarten. Die wichtigsten Schaltpläne sind für uns der Übersichtsschaltplan, der Stromlaufplan in zusammenhängender Darstellung, der Stromlaufplan in aufgelöster Darstellung, der Verdrahtungsplan und der Installationsplan.

Im Folgenden sehen Sie Beispiele dieser einzelnen Schaltplanarten.
Erläutern Sie kurz, wozu die jeweilige Planart dient und welche Informationen Sie ihr entnehmen können.

a) **Übersichtsschaltplan:**

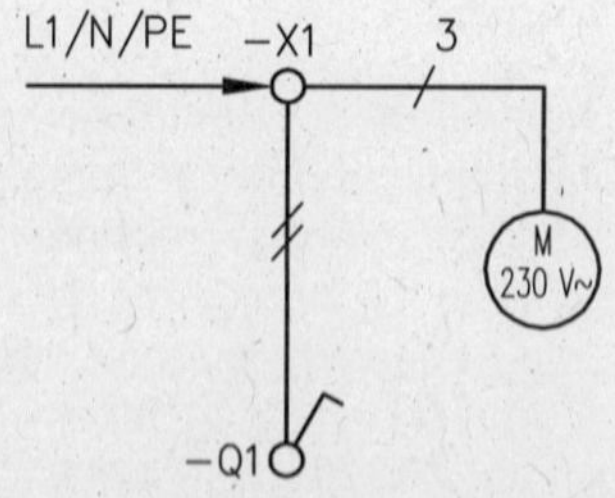

b) **Stromlaufplan in zusammenhängender Darstellung:**

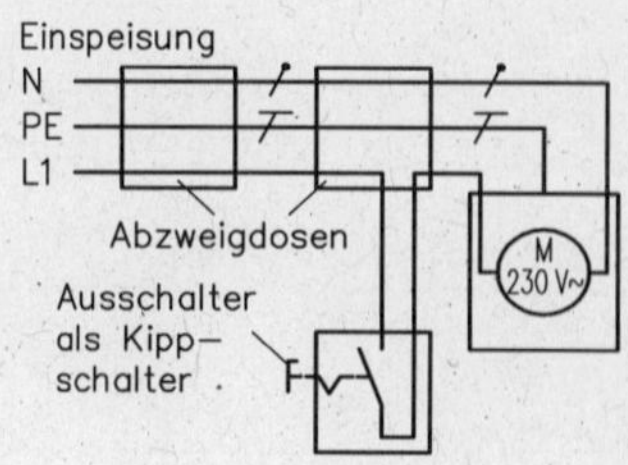

c) **Stromlaufplan in aufgelöster Darstellung:**

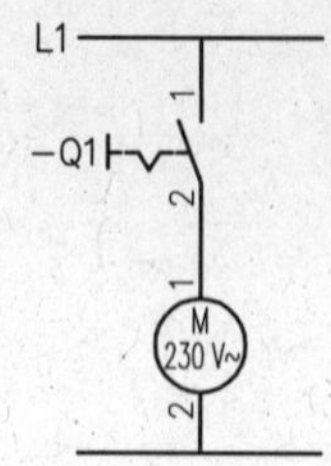

d) **Verdrahtungsplan:**

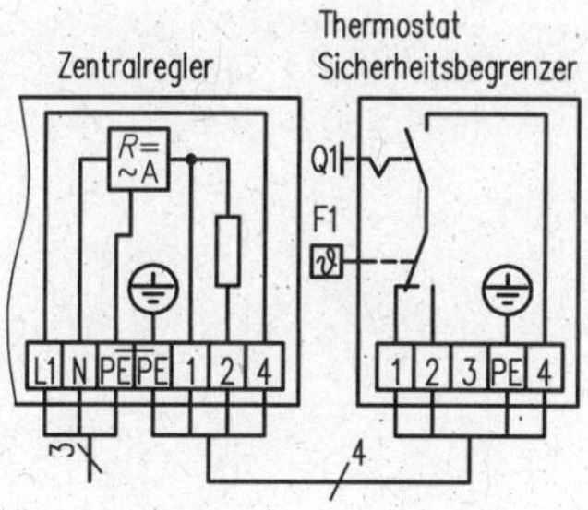

Name Klasse/Gruppe Datum

e) Installationsplan:

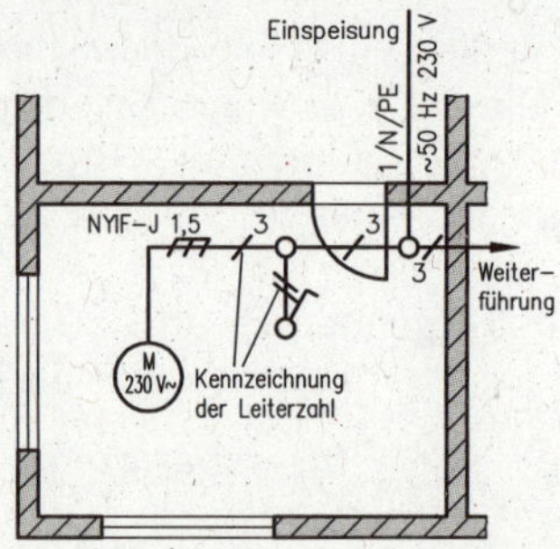

Aufgabe 4

Nebenstehend sehen Sie den Stromlaufplan in zusammenhängender Darstellung für die getrennte Schaltung zweier Heizungspumpen. Sie müssen nun zwecks Anlagenplanung diese Schaltung in einen Stromlaufplan in aufgelöster Darstellung übertragen. Sollten Sie Schaltsymbole benötigen, die hier nicht aufgeführt sind, so können diese einem entsprechenden Fachbuch entnommen oder aus dem Internet heruntergeladen werden (z. B. Wikipedia, Moeller-Schaltungsbuch, Schaltzeichen nach DIN EN oder Friedrich Tabellenbuch des Bildungsverlags EINS).

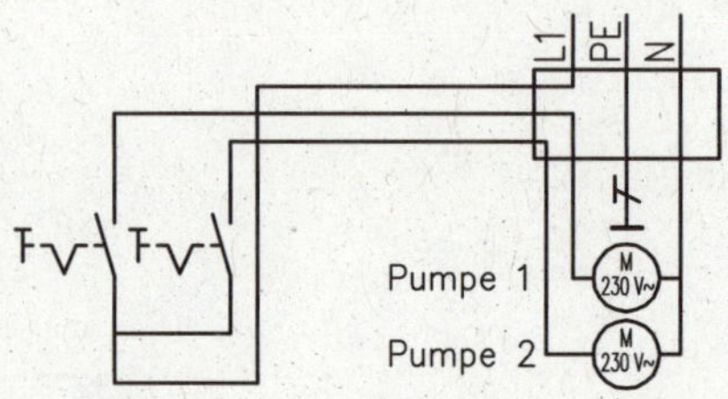

L1

N

Auswahl wichtiger Schaltsymbole:

Symbol	Erklärung	Symbol	Erklärung	Symbol	Erklärung
	Neutralleiter N; Mittelleiter M		Thermorelais z. B. mit einem Bimetall	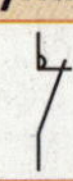	Öffner eines Schütz
	Schutzleiter PE	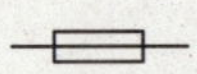	Sicherung (allgemein, Schmelzsicherung)		Schließer eines Schütz
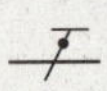	Neutralleiter mit Schutzfunktion PEN	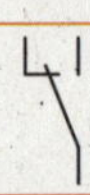	Wechselkontakt (Wechsler) Mit Unterbrechung beim Umschaltvorgang		Wechselstrommotor
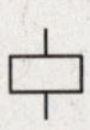	Schütz oder Relais (allgemeines Symbol)		Zweiwegeschalter mit „Aus"-Mittelstellung	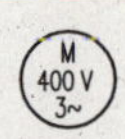	Drehstrommotor

Aufgabe 5

Folgend sehen Sie einen Stromlaufplan in aufgelöster Darstellung für die Schaltung einer Wechselstrompumpe mit folgender Funktion: Die Pumpe ist eingeschaltet, wenn der Schließer Q1 und der Schließer Q2 geschlossen werden.
Ergänzen Sie die unvollständigen Schaltungen nach den folgenden Bedingungen:

a) Die Pumpe ist eingeschaltet, wenn der Schließer Q1 oder Q2 geschlossen ist.
b) Die Pumpe ist ausgeschaltet, wenn der Öffner Q1 oder der Öffner Q2 geöffnet wird.
c) Die Pumpe ist ausgeschaltet, wenn der Öffner Q1 und der Öffner Q2 geöffnet werden.

Bedingung a) Bedingung b) Bedingung c)

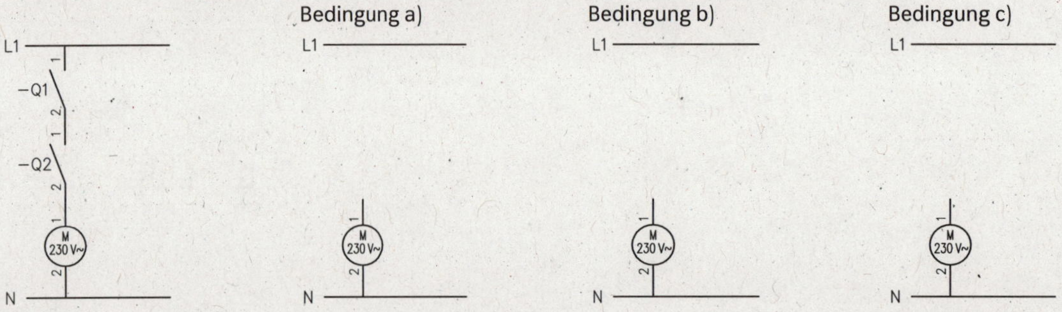

Name Klasse/Gruppe Datum

Muss ein Verbraucher mit großer Leistungsaufnahme (z. B. Pumpen- oder Lüftungsmotor) von mehreren Stellen oder über einen handbetätigten Schalter eingeschaltet werden, kommen Schütze zum Einsatz. Schütze ermöglichen schnellere und sicherere Schaltvorgänge als dies mit rein mechanischen oder handbetätigten Schaltkonstruktionen möglich ist. Mit einem Schütz sind wie beim Relais Schaltvorgänge aus der Ferne über Steuerleitungen mit relativ geringem Leiterquerschnitt möglich. Anwendungsbeispiele finden sich auch in der Steuerung elektrischer Heizstäbe bei Durchlauferhitzern.

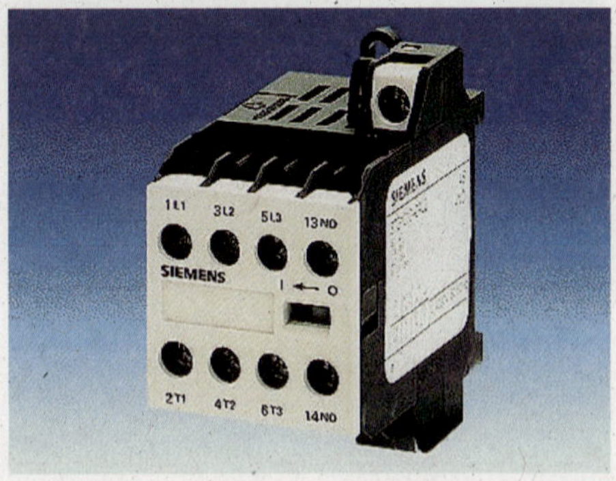

Aufgabe 6

Zeigen Sie in der Motorschützsteuerung den Hauptstromkreis und den Steuerstromkreis auf, indem Sie einen Trennstrich ziehen. Beschriften Sie die beiden Stromkreisteile entsprechend.

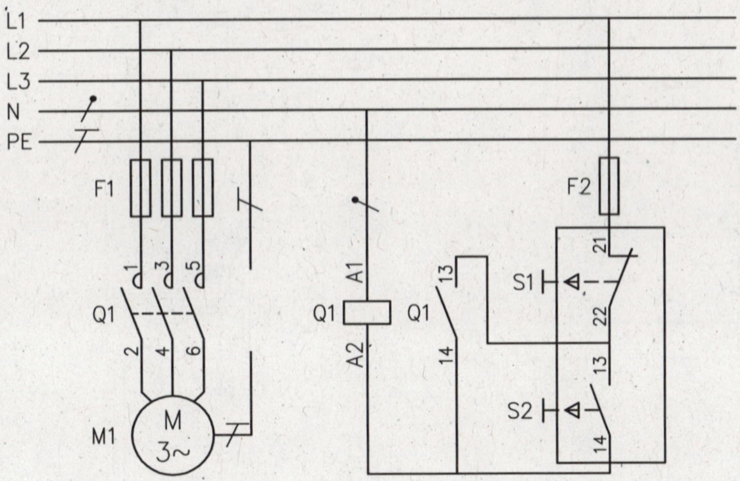

Aufgabe 7

a) Entspricht die Funktion des dargestellten Steuerstromkreises dem Steuerstromkreis der Aufgabe 6?

b) Beschreiben Sie die Funktion der Schaltung des gezeigten Steuerstromlaufplans einer Pumpe.

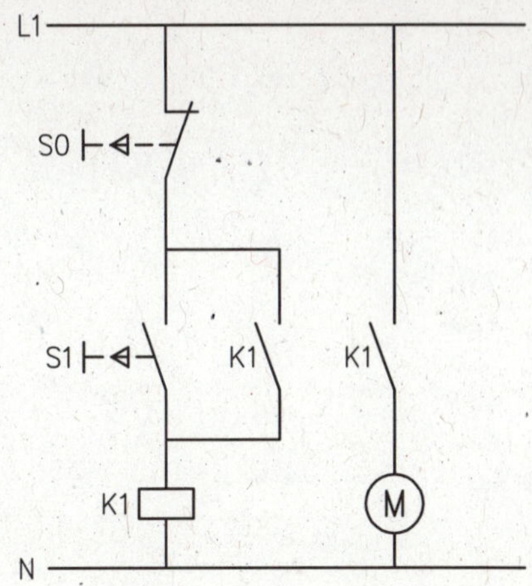

Name Klasse/Gruppe Datum

14.5 Arbeit mit Hydraulikschemata 1

Die Hydraulikschemata und die entsprechenden Elektroanschlusspläne enthalten alle wesentlichen Informationen zum Anschluss von Rohrleitungen und der elektrischen Verdrahtung. Diese lesen zu können, ist eine Fertigkeit, die Anlagenmechaniker/-innen für Sanitär-, Heizungs- und Klimatechnik unbedingt beherrschen müssen.

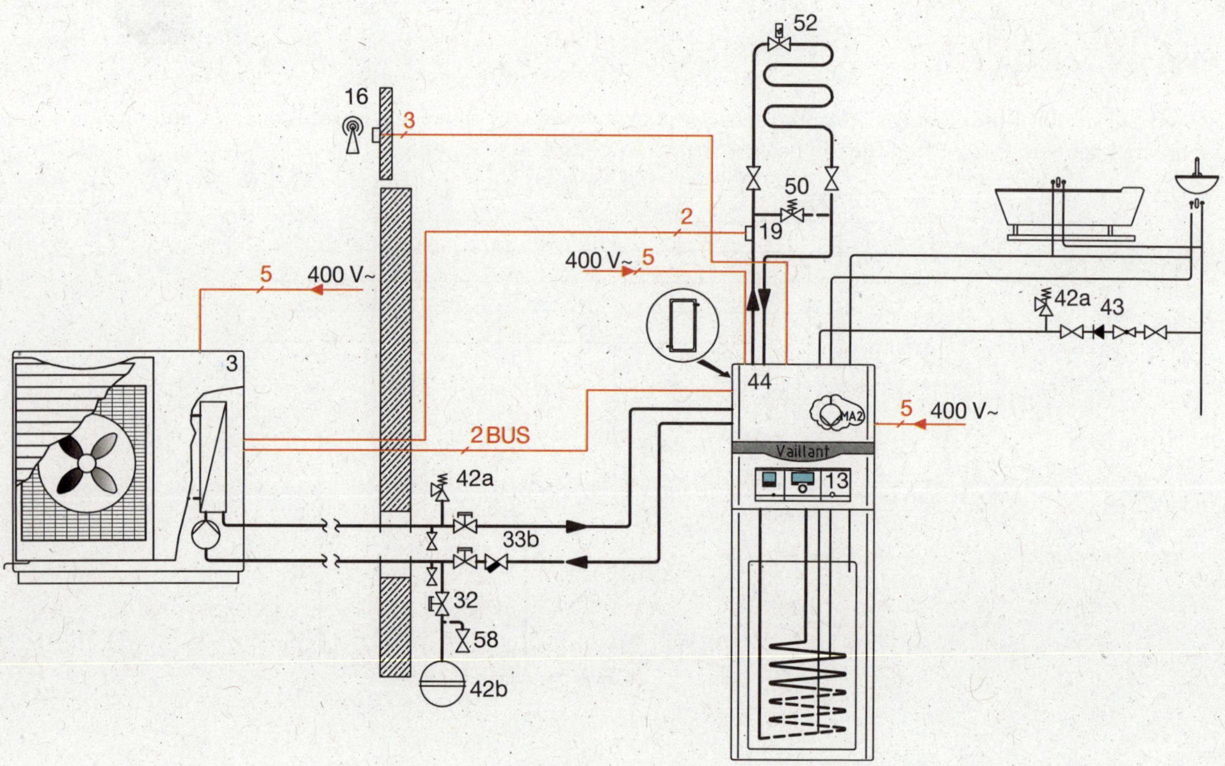

Position	Bezeichnung	Anzahl
3	Wärmepumpe	1
13	Heizungsregler	1
16	Außenfühler	1
19	Maximalthermostat	1
32	Kappenventil	1
33b	Schmutzfänger mit Magnetitabscheider	1
42a	Sicherheitsventil (Heizung, Warmwasser)	2
42b	Membran-Ausdehnungsgefäß	1
43	Sicherheitsgruppe Wasseranschluss	1
44	uniTOWER (Warmwasserbereitung)	1
50	Überströmventil	1
52	Ventil Einzelraumregelung	x
58	Füll- und Entleerventil	1
MA2	Zirkulationspumpe	1

Name Klasse/Gruppe Datum

Aufgabe 1

a) Welche Fühler müssen Sie an welchen Geräten anschließen?

b) Wie sind uniTOWER und Wärmepumpe miteinander zum Datenaustausch verbunden?

c) Wie sind Wärmepumpe und uniTOWER an das elektrische Netz anzuschließen? Mit welcher Spannung müssen sie versorgt werden?

Aufgabe 2

In den Planungshinweisen für diese Anlage lesen Sie folgenden Hinweis:

„Bei Heizungsanlagen, die überwiegend mit thermostatisch oder elektrisch geregelten Ventilen ausgerüstet sind, muss eine stetige, ausreichende Durchströmung der Wärmepumpe sichergestellt werden. Bei einem direkten Anschluss des Heizkreises an die Wärmepumpe muss eine Mindestumlaufwassermenge (siehe technische Daten der Wärmepumpe) sichergestellt sein. Dies kann mithilfe eines Differenzdruck-Überströmventils (Pos. 50) erreicht werden."

a) Erklären Sie dem Kunden, welche Situation dazu führt, dass das Differenzdruck-Überströmventil zur Funktion der Anlage nötig ist.

b) Erklären Sie der Kundschaft ebenfalls die Funktion des Differenzdruck-Überströmventils.

Name Klasse/Gruppe Datum

14.6 Arbeit mit Hydraulikschemata 2

Das Hydraulikschema der Aufgabe 14.5 ist relativ übersichtlich. In der Praxis müssen Sie aber wesentlich komplexere Anlagen erstellen und warten. Zur Übung sehen Sie hier das Hydraulikschema und den elektrischen Anschlussplan für eine Anlage mit vier Heizkreisen.

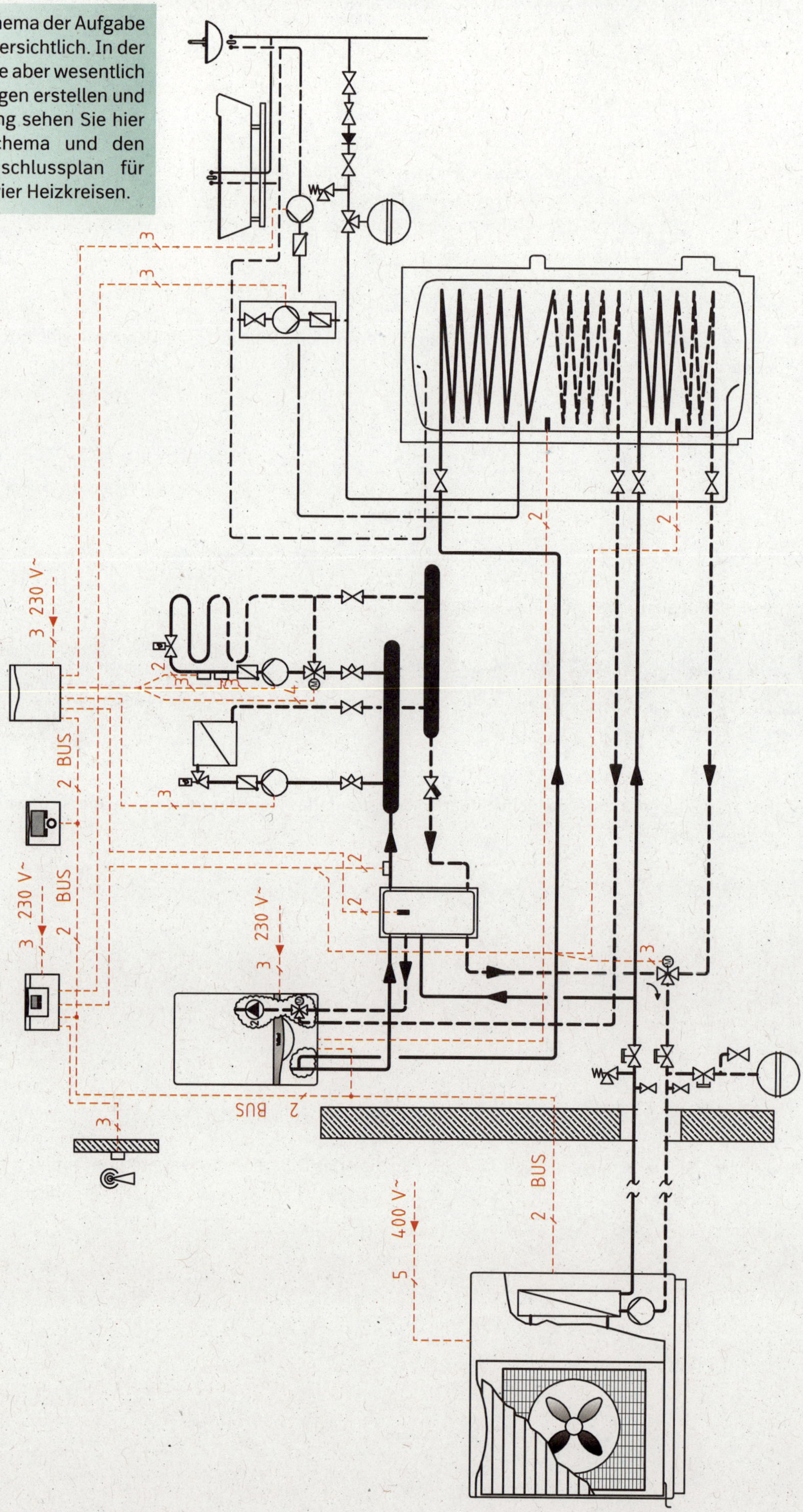

Name Klasse/Gruppe Datum

Position	Bezeichnung
1	Gas-Brennwertgerät eco TEC plus
2	Umwälzpumpe
3	Wärmepumpe
5	Warmwasserspeicher
8	Kompakt-Pufferspeicher
10	Thermostatventil
13	Witterungsgeführter Heizungsregler VRC 700
13a	Fernbediengerät VR 91
13c	VR 70 Mischer- und Solarmodul
13f	Wärmepumpenregler VWZ AI
16	Außenfühler
19	Maximalthermostat
30	Schwerkraftbremse
31	Regulierventil
32	Kappenventil
33b	Schmutzfänger mit Magnetitabscheider
42a	Sicherheitsventil (Heizung)
	Sicherheitsventil (Trinkwasser)
42b	Membran-Ausdehnungsgefäß
42c	Membran-Ausdehnungsgefäß (Trinkwasser)
43	Sicherheitsgruppe Wasseranschluss
52	Ventil Einzelraumregelung
58	Füll- und Entleerventil
R1, R2	Heizkreispumpe oder Rohrgruppe mit Mischer
MA2	Legionellenschutzpumpe
R5/6	Heizkreismischer
UV1	Umschaltventil
SP	Speichertemperaturfühler VR10
SP1	Speichertemperaturfühler VR10
S5	Vorlauftemperaturfühler VR 10
S6	Vorlauftemperaturfühler VR 10
MA2	Zirkulationspumpe

Name Klasse/Gruppe Datum

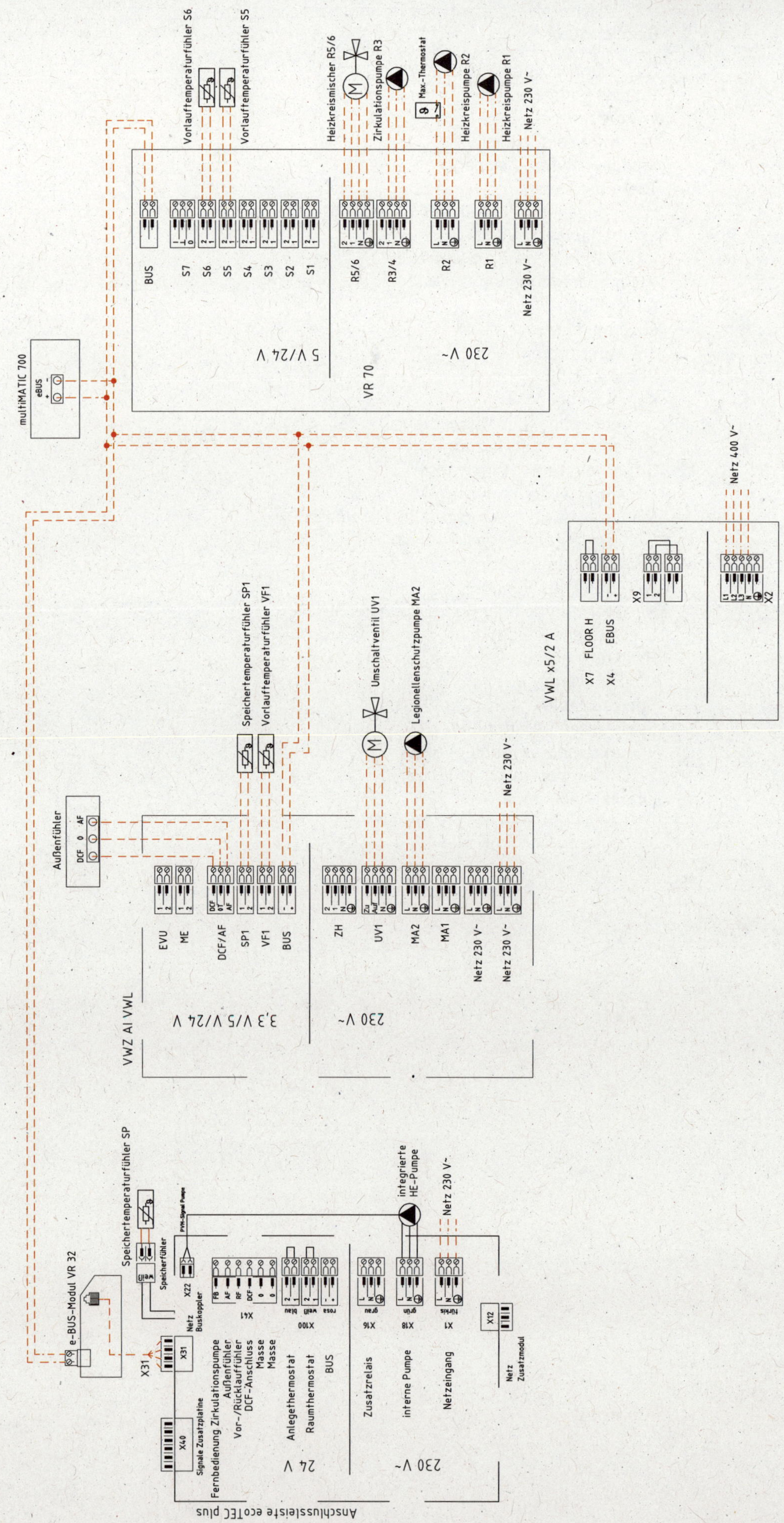

Name Klasse/Gruppe Datum

Aufgabe 1

Welche Heizkreise sind hier vorhanden und welche Bereiche versorgen sie?

Heizkreis	versorgter Bereich

Aufgabe 2

Beschreiben Sie den Fließweg des erwärmten Wassers von der Wärmepumpe bis in den Fußbodenheizkreis und wieder zur Wärmepumpe. Erklären Sie auch jeweils, welche Pumpe für die Bewegung sorgt.

Aufgabe 3

Die Wärmepumpe soll einerseits die Heizung, aber auch den Warmwasserspeicher mit Wärme versorgen. Mithilfe welcher Vorrichtungen (hydraulisch, elektrisch) wird dafür gesorgt, dass das erwärmte Wasser der Wärmepumpe entweder der Heizung oder dem Trinkwasserspeicher zugeführt wird?

Aufgabe 4

Der Trinkwarmwasserspeicher hat zwei Wärmetauscher, die auf unterschiedlichen Höhen angeordnet sind. Erklären Sie der Kundschaft den Sinn dieser Anordnung.

Anordnung des Wärmetauschers, der von der Wärmepumpe versorgt wird:

Anordnung des Wärmetauschers, der von dem Gas-Brennwertgerät versorgt wird:

Aufgabe 5

In dem Trinkwasserspeicher sind zwei Fühler platziert. Erklären Sie, warum diese auf der jeweiligen Höhe angebracht sind. Mit welchen Geräten sind sie jeweils verbunden?

Fühler SP:

Fühler SP1:

Aufgabe 6

a) Welche elektrischen Leitungen/welche Bauteile müssen an das Mischermodul VR 70 angeschlossen werden?

Leitung/Bauteil	Anschlussklemme	Spannung

b) Welche Zulassung müssen Sie mindestens haben, wenn sie ...

– ... die Heizkreispumpe R2 anschließen wollen?

– ... den Bus anschließen wollen?

Aufgabe 7

Viele Geräte sind mithilfe eines Bus-Systems miteinander verbunden.

a) Welche Geräte sind mit an den Bus angeschlossen?

b) Welchen Vorteil hat die Verbindung über ein Bus-System für die Funktion der Anlage?

c) Welchen praktischen Vorteil das Bus-System für Sie bei der Installation?

Name Klasse/Gruppe Datum

15.1 Instandhaltung einer Trinkwasseranlage

Sie haben vor einem Jahr in einem Mehrfamilienhaus den abgebildeten Hausanschluss installiert.
Ihr Chef schickt Sie nun zu dieser Anlage, um „nach dem Rechten" zu sehen und eine Wartung durchzuführen.

Aufgabe 1

Vor Beginn der Arbeiten betrachten Sie den Hausanschluss und planen, was bei den einzelnen Bauteilen zu tun ist.

a) Welche Bauteile erkennen Sie auf dem Foto (von links nach rechts)?

1.
2.
3.
4.
5.
6.

b) Welche Inspektionsarbeiten oder Wartungsarbeiten sind außer der Sichtkontrolle jeweils durchzuführen?

1.
2.
3.
4.
5.
6.

c) Schätzen Sie nun die jeweils nötige Arbeitszeit und berechnen Sie die sich daraus ergebende Gesamtzeit.

1.	2.	3.	4.	5.	6.	Σ

Name Klasse/Gruppe Datum

Aufgabe 2

Welchen Pauschalpreis muss Ihr Chef für einen Wartungsvertrag festlegen, wenn die aufgezählten Arbeitszeiten noch um 30 Minuten Pauschalzeit für Anfahrt, Sichtkontrollen und Kundengespräche ergänzt werden? Gehen Sie dabei von einem Netto-Stundenverrechnungssatz von 45 € aus. Vergessen Sie nicht die Mehrwertsteuer aufzuschlagen.

gegeben:

gesucht:

Lösung

Aufgabe 3

Bei der Kontrolle des Druckminderes halten Sie sich an die Vorgaben des Herstellers.

a) Welches Bauteil (inkl. Artikelnummer) müssen Sie austauschen, wenn der Druckminderer die Dimension DN 25 hat?

b) Sie tauschen sicherheitshalber auch den O-Ring der Klarsicht-Filtertasse aus. Nennen Sie auch hierfür die Artikelnummer.

9.2. Instandsetzung
9.2.1. Druckminderer
⚠ Nach DIN EN806-5 sowie VDI3810-2 sind Druckminderer jährlich zu prüfen und instand zu halten. Siebeinsätze müssen im halbjährlichen Abstand getauscht werden. Instandhaltungsmaßnahmen müssen durch ein Installationsunternehmen durchgeführt werden.

Übersicht

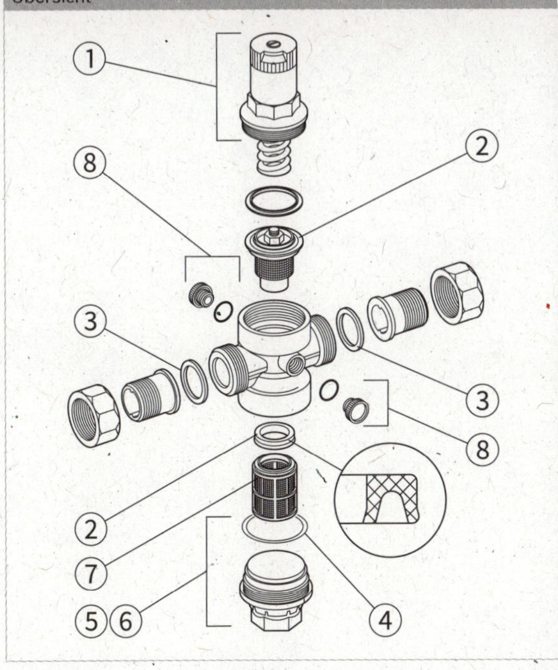

	Beschreibung	Größe	Artikelnummer
1	**Federhaube**		
		½" – 1"	0901515
		1" + 1¼"	0901516
2	**Ventil-Einsatz komplett (ohne Sieb)**		
		½" + ¾"	D06FA-1/2
		1" + ¼"	D06FA-1B
3	**Dichtringsatz (10 Stück)**		
		½"	0901443
		¾"	0901444
		1"	0901445
		1¼"	0901446
4	**O-Ringsatz (10 Stück)**		
		½" + ¾"	0901246
		1" + 1¼"	0901499
5	**Klarsicht-Filtertasse mit O-Ring**		
		½" + ¾"	SK06T-1/2
		1" + 1¼"	SK06T-1B
6	**Messing-Siebtasse mit O-Ring**		
		½" + ¾"	SM06T-1/2
		1" + 1¼"	SM06T-1B
7	**Ersatzsieb**		
		½" + ¾"	ES06F-1/2A
		1" + 1¼"	ES06F-1B
8	**Verschlussstopfen mit O-Ring R¼" (5 Stück)**		
		½" – 2"	S06K-1/4

Name Klasse/Gruppe Datum

Aufgabe 4

Welche der folgenden Behauptungen können Sie Ihrer Kundschaft als Argumente für eine regelmäßige Wartung vortragen? Kreuzen Sie an.

- ◯ Durch mangelnde Wartung kann es zu Betriebsstörungen kommen.
- ◯ Die Verpflichtung zur regelmäßigen Wartung ist Bestandteil des Lieferungsvertrags mit dem Wasser-Versorgungsunternehmen.
- ◯ Die Wohngebäudeversicherung ist im Schadensfall nur dann zu einer Leistung verpflichtet, wenn eine regelmäßige Wartung der Anlage nachgewiesen werden kann.
- ◯ Die Wasserqualität und damit die Gesundheit der Bewohner und Bewohnerinnen ist durch eine unzureichende Wartung gefährdet.
- ◯ Vermieter/-innen haften für Gesundheitsschäden, die durch mangelnde Wartung der Trinkwasseranlage bei den Mieterinnen und Mietern verursacht werden.
- ◯ Mieter/-innen können mit Mietminderung reagieren, wenn die Trinkwasseranlage durch mangelnde Wartung nicht nutzbar ist.

Aufgabe 5

Ihr Chef hat Sie beauftragt, dem Kunden einen Wartungsvertrag anzubieten. Lesen Sie sich die folgenden Auszüge aus dem Wartungsvertrag durch und beantworten Sie die anschließenden Fragen.

Wartungsvertrag für Heizungs-, Lüftungs-, Klima-, Sanitäranlagen

Zwischen ______________________________ – nachstehend Auftraggeber/-in genannt –
und der Firma *Sanitärtechnik Mustermann* – nachstehend Auftragnehmer genannt –
wird ein Wartungsvertrag für die folgende Anlage abgeschlossen:

____

____

____

____

____

(Beschreibung der Anlage, Standort der Anlage)

§ 1 Vertragsgegenstand
Vertragsgegenstand sind folgende Leistungen: **Wartungsdienst, Störungsdienst, Inspektion und Instandsetzung:**

§ 2 Wartungsdienst
1. Der Auftragnehmer verpflichtet sich, die Anlage in Abständen auf Funktion und Zustand zu überprüfen und die Pflegearbeiten auszuführen, die für einen störungsfreien Betrieb erforderlich sind.
2. Werden bei Ausführung des Wartungsdienstes Mängel an der Anlage festgestellt, ist der Auftragnehmer verpflichtet, bzw. die Auftraggeber/-in auf diese Mängel hinzuweisen.
3. Die Überprüfung ist ________ mal jährlich durchzuführen.
4. Der bzw. die Auftraggeber/-in ist vom Auftragnehmer jeweils zwei Arbeitstage vor Ausführung der Arbeiten von der beabsichtigten Wartung zu verständigen.

§ 3 Inspektion
1. Zur Inspektion gehört die Funktions- und Leistungsprüfung aller Geräte und Anlagenteile mit Erstellung eines Inspektionsberichtes.
2. Werden bei der Inspektion Mängel an der Anlage erkannt, ist der Auftragnehmer verpflichtet, den bzw. die Auftraggeber/-in auf diese Mängel hinzuweisen.

§ 4 Störungsdienst
1. Der Auftragnehmer verpflichtet sich – nach Benachrichtigung durch den bzw. die Auftraggeber/-in – auftretende Störungen an der Anlage zu beseitigen.
2. Werden bei Behebung der Störung weitere Mängel an der Anlage festgestellt, ist der Auftragnehmer verpflichtet, den bzw. die Auftraggeber/-in auf diese Mängel hinzuweisen.

...

§ 6 Vergütung von Wartung und Inspektion
1. Für vereinbarten Leistungen wird eine Jahresvergütung von ________________ € (zzgl. der gesetzlichen Mehrwertsteuer) vereinbart. Die Vergütung ist jeweils fällig am ____________
2. Eingeschlossen sind in dieser Vergütung sämtliche Lohn- und Lohnnebenkosten – nicht aber Materialkosten – für die Pflege der zu wartenden Anlagen.

§ 7 Vergütung für die Beseitigung von Störungen und für Instandsetzungsarbeiten
Die Kosten für die Beseitigung von Störungen und für Instandsetzungsarbeiten sind nach den ortsüblichen Verrechnungssätzen von dem bzw. der Auftraggeber/-in zu vergüten.

...

Datum: ________________

________________ ________________
(Auftraggeber/-in) (Auftragnehmer)

Was versteht man unter

a) **Inspektion**: ______________________________

____

____

b) **Wartung**: ______________________________

____

____

____

Name Klasse/Gruppe Datum

c) **Instandsetzung**:

d) Wie wird das Zusammenwirken von Inspektion, Wartung und Instandsetzung genannt?

e) Beurteilen Sie, ob die Kosten für die folgenden Arbeiten und Materialien durch den Wartungsvertrag abgedeckt sind oder nicht, wenn ein Wartungsvertrag für die gesamte Trinkwasseranlage abgeschlossen wurde.

Instandhaltungsarbeit/Material	Kosten abgedeckt: ja/nein
Funktionsprüfung eines Rückflussverhinderers	
neuer Rückflussverhinderer	
Temperatureinstellung einer Thermostatmischbatterie	
neuer O-Ring für eine Mischbatterie	
Montagearbeiten beim Austausch einer Zweigriff- gegen eine Eingriffarmatur	

Aufgabe 6

Nachdem Ihr Kunde den Wartungsvertrag unterschrieben hat, möchte er von Ihnen wissen, wie er mit längeren Abwesenheiten seiner Mieter/-innen umzugehen hat. Er hat sich nämlich darüber informiert, dass längere Stagnationszeiten des Trinkwassers zu gesundheitlichen Gefährdungen führen können. (Stagnation)
Sie helfen ihm, indem Sie die folgende Tabelle gemäß DIN 1988 ausfüllen.

Dauer der Abwesenheit	Art der Wohnung	Maßnahmen vor der Abwesenheit	Maßnahmen nach der Abwesenheit
> 3 Tage	Einfamilienhaus		
	Wohnung		
> 4 Wochen	Einfamilienhaus		
	Wohnung		
> 6 Monate			
> 1 Jahr			

Name Klasse/Gruppe Datum

15.2 Wartung einer Thermostat-Mischbatterie

Ihre Kundin hat das Gefühl, dass die Thermostat-Mischbatterie an der Badewanne nicht mehr die eingestellte Temperatur liefert. Sie erhalten den Auftrag, eine Überprüfung der Armatur durchzuführen.

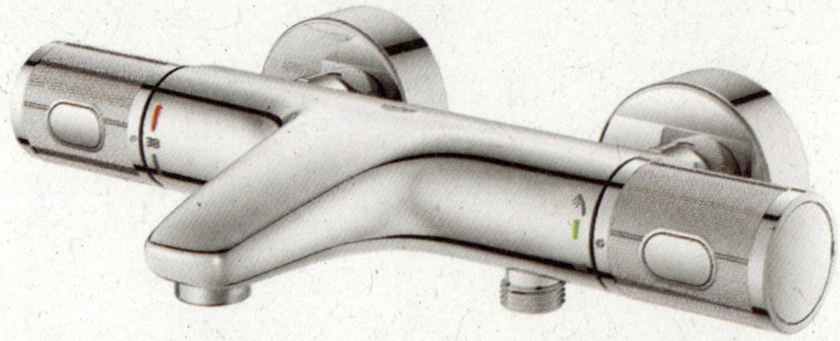

Aufgabe 1

Beschreiben Sie zunächst kurz, welche Vorteile und Möglichkeiten diese Armatur bietet.

Aufgabe 2

Sie kennen sich mit der Armatur dieses Herstellers nicht genau aus, die Kundin hat allerdings noch eine passende Wartungsanleitung in ihre Unterlagen gefunden. Diese ist auszugsweise unten dargestellt.

Wartung
- Alle Teile prüfen, reinigen evtl. austauschen und mit Spezial-Armaturenfett einfetten.
- **Kalt- und Warmwasserzufuhr absperren.**

I. Rückflussverhinderer
- Anschlussnippel mit Innensechskantschlüssel 12 mm durch Rechtsdrehung ausschrauben (Linksgewinde).
- Montage in umgekehrter Reihenfolge.

II. Thermostat-Kompaktkartusche
- Schraubring mit Werkzeug 34 mm lösen.
- Thermostat-Kartusche gegebenenfalls über die Ausnehmung aushebeln.
- Schraubring abschrauben. Montage in umgekehrter Reihenfolge.
- **Einbaulage der Thermostat-Kompaktkartusche beachten.**
- Nach jeder Wartung an der Thermostat-Kartusche ist eine Justierung erforderlich (siehe Justieren).

III. Mousseur ausschrauben und säubern

Einstellen des Sparanschlags
Mengen-Einstellung
Die Wassermenge wird durch einen werkseitig eingestellten Anschlag begrenzt. Wird eine größere Wassermenge gewünscht, so kann durch Drücken der Taste der Anschlag überschritten werden. Soll der Anschlag verstellt werden, ist wie folgt vorzugehen:
1. Absperrventil schließen.
2. Abdeckkappe ausheben.
3. Schraube lösen und Absperrgriff (abziehen.
4. Riefenadapter und Sparanschlag abziehen.
5. Sparanschlag in der gewünschten Position aufstecken.
6. Riefenadapter aufstecken.
7. Absperrgriff so aufstecken, dass die Taste nach vorn zeigt.
8. Schraube einschrauben.
9. Abdeckkappe wieder aufstecken.

a) Welche allgemeinen Wartungsanweisungen gibt der Hersteller?

b) Für welche Bauteile gibt es spezielle Wartungsanweisungen?

c) Bei welchen Gelegenheiten muss die Auslauftemperatur justiert werden?

Aufgabe 3

Nummerieren Sie die folgenden Arbeitsschritte zur Überprüfung und Einstellung der Auslauftemperatur in der richtigen Reihenfolge. Nutzen Sie hierfür die nebenstehenden Abbildungen.

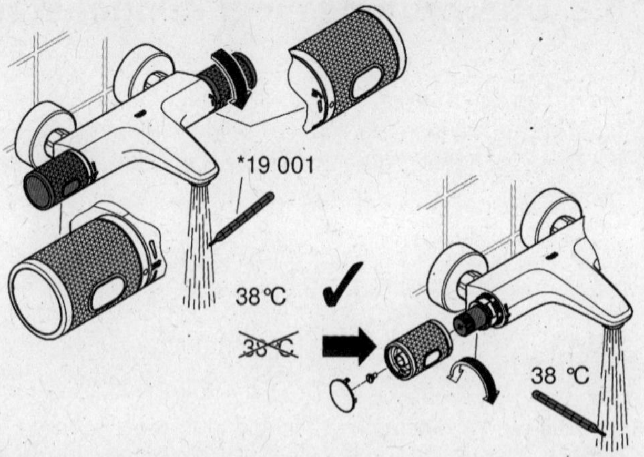

_____ Schraube einschrauben,

_____ Schraube lösen.

_____ Abdeckkappe wieder aufstecken.

_____ Absperrventil öffnen und Temperatur des auslaufenden Wassers messen.

_____ Thermostat-Kompaktkartusche drehen, bis das auslaufende Wasser 38 °C erreicht hat.

_____ Temperatureinstellgriff abziehen.

_____ Temperaturwählgriff mit nach vorne zeigender Taste (38°C Markierung) aufstecken.

_____ Abdeckkappe vom Temperaturwählgriff entfernen.

Aufgabe 4

Sie stellen fest, dass der Rückflussverhinderer am Brauseschlauchanschluss so verkalkt ist, dass er erneuert werden muss.

a) Nennen Sie die Anzahl der verbauten Rückflussverhinderer. Beachten Sie, dass der PWC-Anschluss identisch zum PWH-Anschluss aufgebaut ist

____

____

b) Nennen Sie die Bestellnummer der Bauteilgruppe (2er-Set) für den Austausch der Rückflussverhinderer am PWH- und PWC-Eingang der Armatur.

____

c) Nennen Sie das Werkzeug zur Demontage der Thermostat-Kompaktkartusche.

____

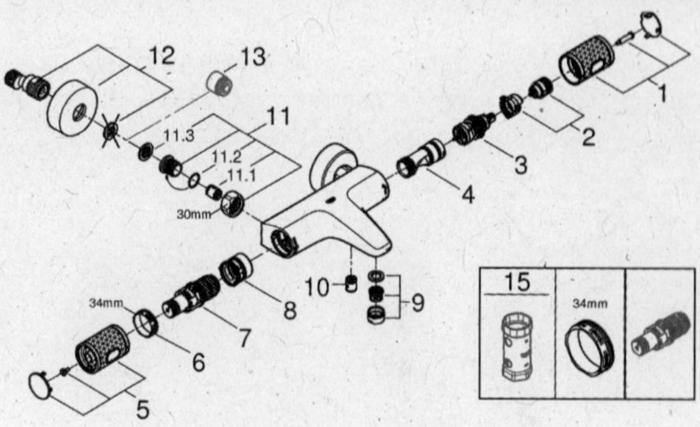

5: Absperrgriff (Bestell-Nr. 49160000)
6: Befestigungsring (Bestell-Nr. 47743000)
7: Thermostat-Kompaktkartusche 1/2" (Bestell-Nr. 47439000)
8: Wasserführung (Bestell-Nr. 47975000)
9: Mousseur (Bestell-Nr. 13952000)
10: Rückflussverhinderer (Bestell-Nr. 08565000)
11: Rückflussverhinderer (Bestell-Nr. 47189000)
11.1: Schmutzfangsieb (Bestell-Nr. 0726400M)
11.2: Rückflussverhinderer (Bestell-Nr. 08565000)
11.3: O-Ring Ø 17 × Ø 2 (Bestell-Nr. 0305500M)
12: S-Anschluss (Bestell-Nr. 12662000)
15: Steckschlüssel (Bestell-Nr. 19332000)

Aufgabe 5

Die Kundin erzählt Ihnen, dass die Thermostat-Mischbatterie noch nie gewartet wurde.

a) Wie häufig muss gemäß DIN 1988 eine Inspektion der Rückflussverhinderer durchgeführt werden? Wer darf die Inspektion durchführen?

____

b) Für welche weiteren Geräte und Armaturen verlangt die DIN 1988 Wartungen und Inspektionen?

____

____

____

Name Klasse/Gruppe Datum

15.3 Überprüfung einer Kundensteckdose

Sie haben den Auftrag, bei Ihrer Kundschaft eine Kernlochbohrung herzustellen. Hierfür müssen Sie eine vorhandene Kundensteckdose nutzen. Aus Sicherheitsgründen ist die ordnungsgemäße Funktion dieser Steckdose zu überprüfen.

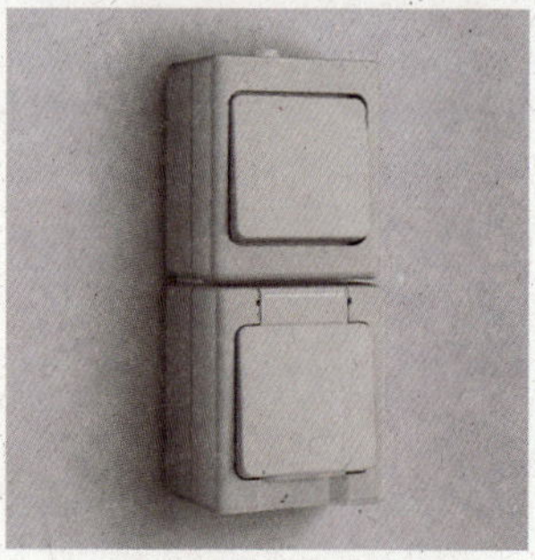

Aufgabe 1

Bevor Sie die Kernlochbohrmaschine in Betrieb nehmen, ist eine Sichtprüfung der Maschine und der elektrischen Anlage durchzuführen. Beschreiben Sie Ihre Vorgehensweise.

Aufgabe 2

In der Herstellerunterlage sind die notwendigen Schritte für die Inbetriebnahme dargestellt. Füllen Sie die Arbeitsplanung für die Inbetriebnahme aus.

Inbetriebnahme – Testablauf

Der PRCD-S ist grundsächlich vor jeder Inbetriebnahme wie folgt zu prüfen:

- Netzstecker in vorhandene Steckdose einstecken
- „I-ON"-Taste ⑦ mit bloßer Hand betätigen
- Rote Glimmlampe ⑧ leuchtet- PRCD-S ist eingeschaltet und betriebsbereit.
- „O-Test"-Taste ⑨ betätigen, Fehlerstromschutzeinrichtung wird erzeugt.
- PRCD-S schaltet ab.
- Rote Glimmlampe verlischt.

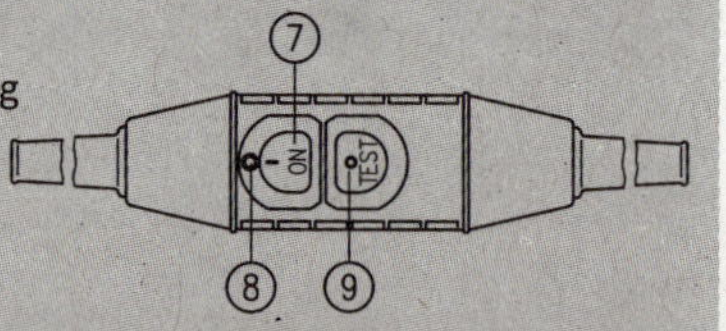

Löst der PRCD-S über die O-Test-Taste ⑨ nicht aus, muss das Gerät sofort vom Netz getrennt und überprüft werden.
Nach erneutem Einschalten des PRCD-S muss sich das angeschlossene Gerät betreiben lassen.

	Tätigkeit	Hinweise
1		
2		
3		
4		

Name Klasse/Gruppe Datum

Aufgabe 3

Die Inbetriebnahme ist nicht erfolgreich, das Gerät lässt sich nicht aktivieren. Laut Herstellerunterlage sind die im Folgenden dargestellten Anlagenfehler möglich. Nennen Sie mögliche Messgeräte zum Auffinden des Fehlers an der Steckdose.

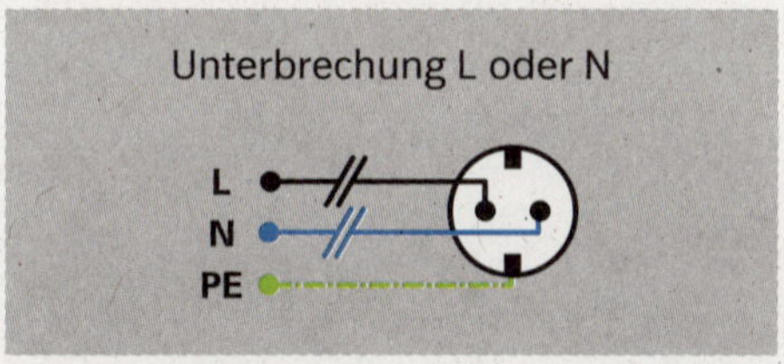

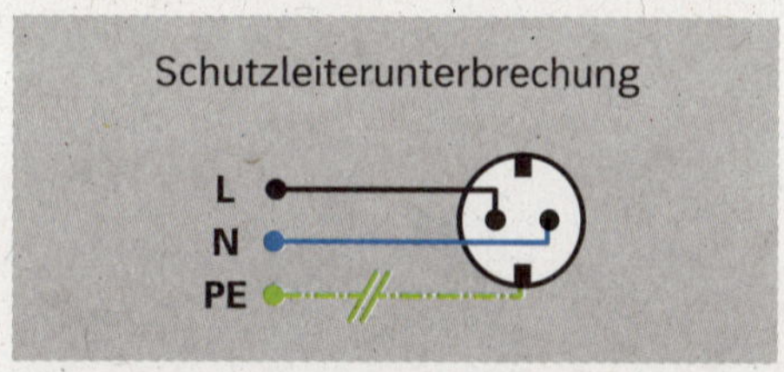

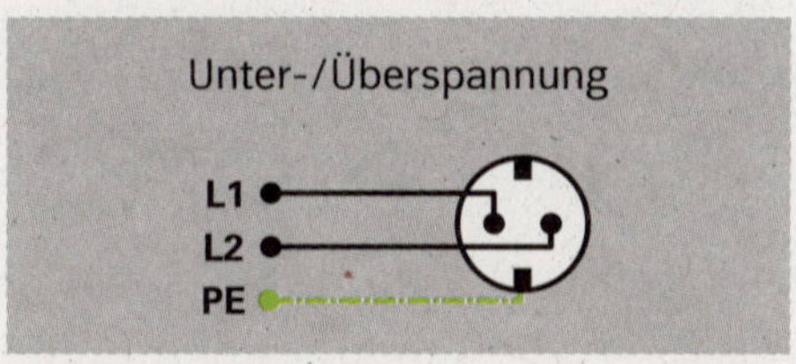

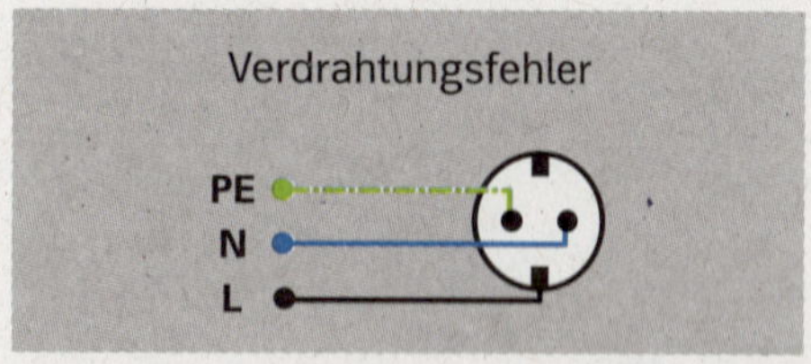

Aufgabe 4

Bei der Überprüfung der Steckdose messen Sie eine zulässige Spannung zwischen L und N. Welcher der in Aufgabe 3 dargestellten Anlagenfehler liegt vor?

Aufgabe 5

a) Welche Gefahren gehen von der Steckdose für die Benutzer/-innen aus, wenn der Fehler nicht behoben wird?

b) Nennen Sie auch ein Beispiel für einen Fehler, der bei der Herstellung der Kernlochbohrung auftreten könnte.

Aufgabe 6

Welche Maßnahme empfehlen Sie Ihrer Kundschaft?

Name Klasse/Gruppe Datum

Aufgabe 7

Bei einem Blick in die Steckdose stellen Sie fest, dass PE zwar vorhanden, aber nicht angeklemmt ist. Stellen Sie das notwendige Werkzeug zusammen, um die Funktionsfähigkeit wieder herzustellen.

Aufgabe 8

Welche der 5 Sicherheitsregeln müssen befolgt werden? Nennen Sie diese und zu jeder Sicherheitsregel eine dazu passende praktische Tätigkeit.

15.4 Instandhaltungsarbeiten an einem Rückstauverschluss

Sie haben bei Ihrer Kundschaft vor einigen Jahren einen Rückstauverschluss installiert. Nun ruft sie bei Ihnen an und bittet um eine Wartung der Anlage.

Foto: ACO Passavant GmbH

Aufgabe 1

Beschreiben Sie die Fließrichtung und zeichnen Sie diese in die Schnittdarstellung des Rückstauverschlusses ein.

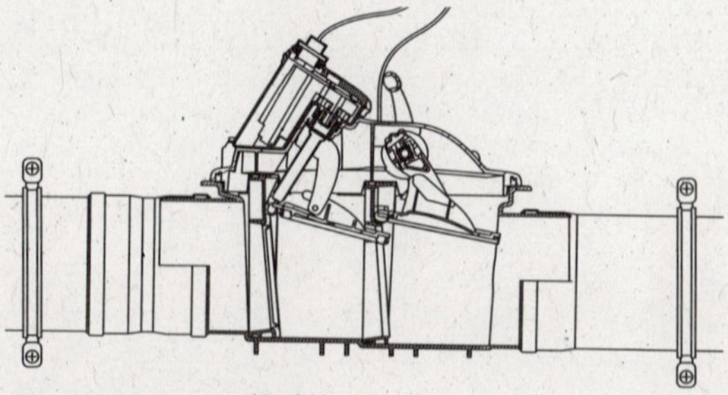

Foto: ACO Passavant GmbH

Aufgabe 2

Bei dem Rückstauverschluss handelt es sich um den „Typ 3 – F". Was bedeutet diese Abkürzung und womit ist bei den Instandhaltungsarbeiten zu rechnen?

Aufgabe 3

In den beiden oben dargestellten Abbildungen sind zwei elektrische Leitungen zu erkennen. Wofür benötigt ein Verschluss vom Typ 3 – F diese beiden Leitungen?

Aufgabe 4

VORSICHT
Infektionsgefahr bei Kontakt mit fäkalienhaltigem Abwasser

In den Herstellerunterlagen finden Sie den rechts abgebildeten Hinweis. Mit welchen Maßnahmen können Sie sich vor der Gefahr schützen?

Name Klasse/Gruppe Datum

Aufgabe 5

Bevor Sie mit den Arbeiten am Rückstauverschluss beginnen, werfen Sie einen Blick auf das Steuergerät. Zwei LEDs blinken („Power“, „Alarm“) und Sie hören einen Signalton.

a) Was ist die Ursache?
b) In welchem Rahmen funktioniert die Anlage noch?
c) Wie würden Sie den Anlagenfehler beheben?

Fehleranzeige	Ursache	Abstellmaßnahme	Hinweise
Power-LED leuchtet Alarm-LED blinkt schnell Klappe-LED blinkt Signalton	– **Initialisierung:** Steuerleitung – Motor“ nicht angeschlossen, verpolt oder gebrochen – **Im Betrieb:** Steuerleitung „Motor“ defekt „Motorfehler“	Netzstecker ziehen, Batterie abklemmen; Steuerleitung auf korrekten Anschluss, bzw. Durchgang kontrollieren, ggf. Motor austauschen.	Fehlererkennung erfolgt nur im Betrieb. – **Initialisierung:** Inbetriebnahme nicht möglich – **Im Betrieb:** Fehlererkennung bei Hand-betrieb Prüfzyklus/Rückstau
Power-LED blinkt, Alarm-LED blinkt Signalton	Batterie fehlt oder ist defekt „Batteriefehler“	Netzstecker ziehen, Batterien anschließen, ggf. durch neue Batterien ersetzen. Die Funktionsbereitschaft des Gerätes wird durch ein Lauflicht angezeigt.	– **Initialisierung:** Die Anlage kann in Betrieb genommen werden, d. h. sie ist funktionsfähig. Alarm kann quittiert werden. – **Betrieb:** Die Fehlermeldung wird spätestens nach 5 Min. angezeigt. Die Anlage ist funktionsbereit; Handbetrieb ist möglich.

Aufgabe 6

Erstellen Sie nun mithilfe der Herstellerunterlagen einen <u>Wartungsplan</u>.

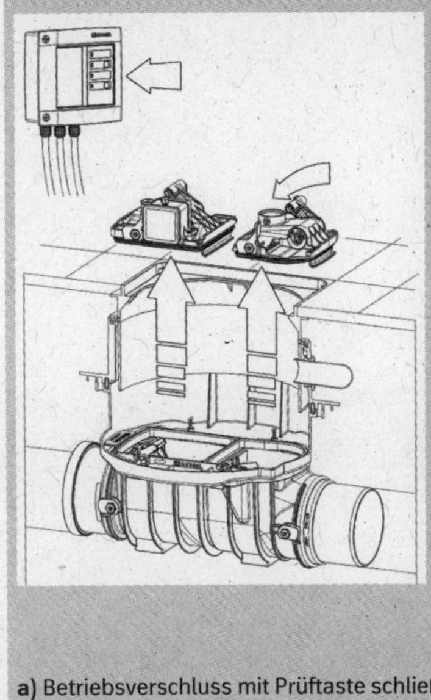

Wartungshinweis:
– Gerät darf nicht mit mineralischen oder teilweise mineralischen Schmierstoffen (z. B. WD-40) in Berührung kommen. Mineraliche Schmierstoffe können die Funktionsfähigkeit und Dichtheit beeinträchtigen.
Der Rückstauverschluss muss mindestens halbjährlich durch einen Fachbetrieb gewartet werden. Während der Wartung darf der Rückstauverschluss nicht mit Abwasser beaufschlagt werden; eine Rückstaugefahr muss ausgeschlossen sein.

a) Betriebsverschluss mit Prüftaste schließen. Notverschluss mit Handhebel verschließen.
b) Deckel entfernen

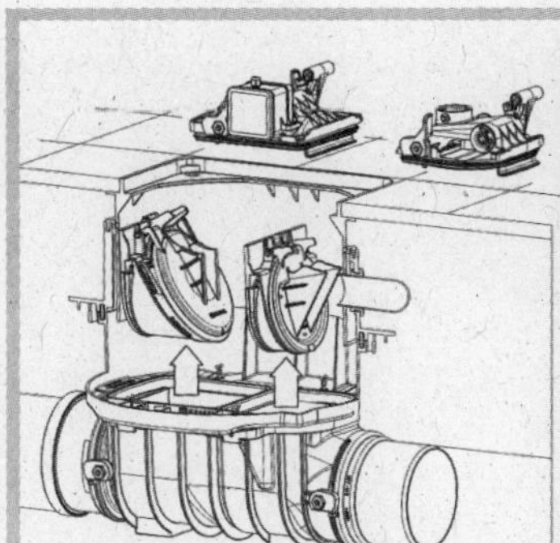

a) Einschiebeteile herausziehen
b) Alle Teile reinigen
c) Dichtungen überprüfen

Gleitmittel verwenden!

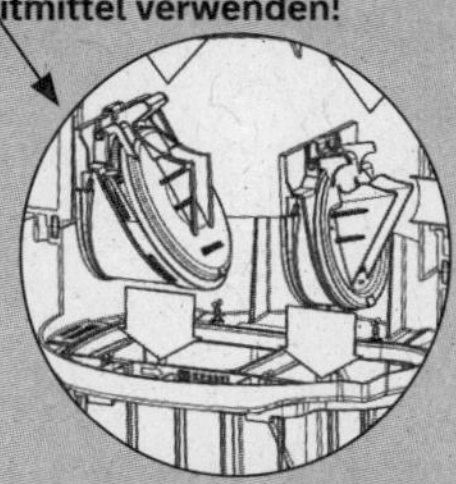

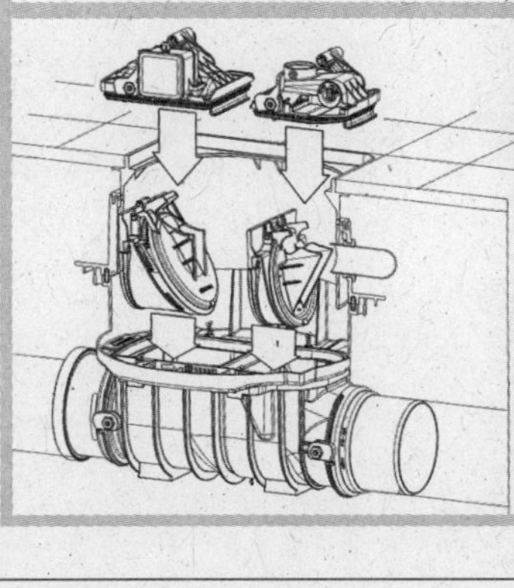

a) Dichtungen der Einschiebeteile außen sowie Führungsteil der Klappenverschlüsse mit Gleitmittel (z. B. Armaturenfett) einstreichen
b) Einschiebeteile exakt einsetzen
c) Deckelmontage
d) Funktionsprüfung durchführen.

Name Klasse/Gruppe Datum

	Tätigkeit	Hinweise, Hilfsmittel
1.		
2.		
3.		
4.		
5.		
6.		
7.		
8.		
9.		

Aufgabe 7

Bei der Überprüfung der Funktionsfähigkeit ist auch die Sonde zu testen.

a) Füllen Sie dazu die folgende Tabelle aus.

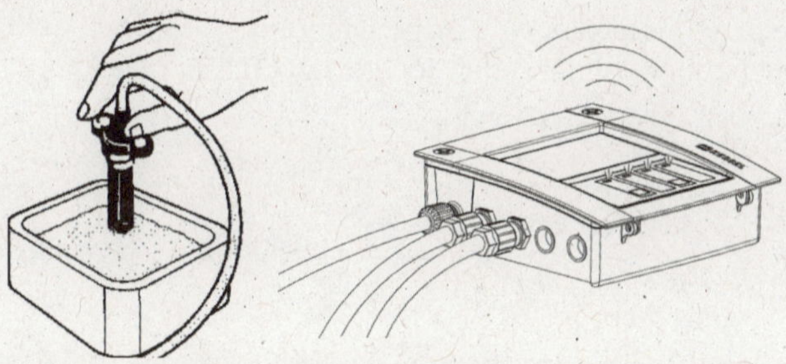

Prüfung der optischen Sonde

Schrauben entfernen. Die Sonde aus dem Deckel ziehen. Die Sonde in Wasser eintauchen. Der Betriebsverschluss muss schließen, die optische und akustische Warneinrichtung muss ansprechen. Sobald die Sonde aus dem Wasser genommen wird, muss der Betriebsverschluss öffnen und das optische und akustische Signal erlöschen.
Die Sonde mit der Dichtung in den Deckel einschieben und mit den Schrauben befestigen.
Achtung: Nach jeder Wartung mit der „Prüfen"-Taste auf volle Funktionalität prüfen. Beide Klappen prüfen, sie müssen beide auf betriebsbereiten Zustand gestellt sein.

Tätigkeit mit der Sonde	optisches/ akustisches Signal	Zustand/Aktion Betriebsverschluss

b) Was ist im Anschluss an den Sondentest zu beachten?

Name Klasse/Gruppe Datum

Aufgabe 8

Bei der Wartung (Aufgabe 6) stellen Sie fest, dass die Dichtungen ausgetauscht werden müssen. Für den Fehler aus Aufgabe 5 benötigen Sie ebenfalls Ersatzteile. Die Sonde (Aufgabe 7) reagiert nicht wie vom Hersteller festgelegt. Suchen Sie die Bestellnummern der benötigten Teile heraus.

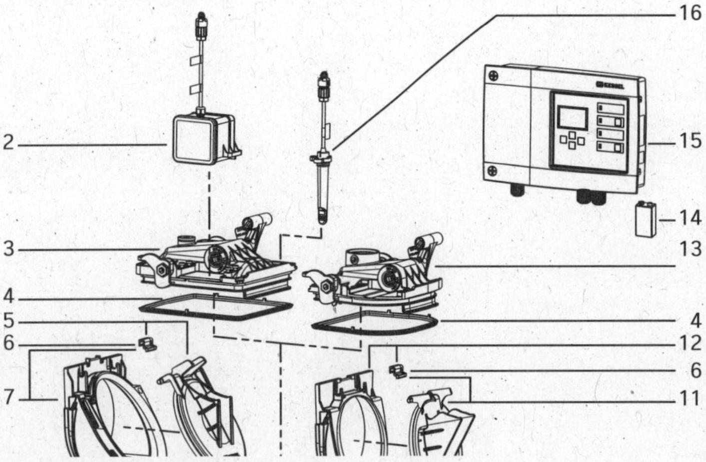

Pos.	Bezeichnung	Art.Nr.
1	Schutzhaube	83031
2	Antriebsmotor kompl. mit 5 m Kabel	80076
3	Deckel Zulaufseite	80016
4	Dichtungsset I	70318
5	Motorische Klappe mit Klappenhalter	80038
6	Klappenhalter	680101
7	Einschiebeteil für motorische Klappe mit Klappenhalter	80039
8	Muffe inkl. Dichtung	
8a	DN 100	83085
14	Batterie	680034
15	Schaltgerät	80071
16	Optische Sonde mit 3 Adaptern	80888

Aufgabe 9

Nachdem Sie die Bauteile ausgetauscht haben, schreibt der Hersteller eine Dichtheitsprüfung vor.

a) Welche Menge Wasser (in ml) dürfen Sie im Prüfzeitraum maximal in den Trichter nachfüllen, ohne dass die Anlage als undicht gilt?

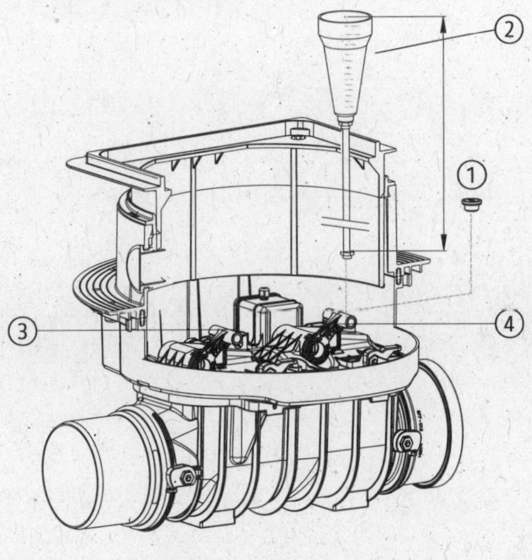

Betriebsverschluss (4) mittels Prüftaste schließen. Den Notverschluss (3) mit dem Handhebel verschließen.
Die Verschlussschraube R½" (1) vom Deckel entfernen und den Trichter (2) anschrauben.
Klarwasser einfüllen, bis eine Prüfdruckhöhe von mindestens 10 cm erreicht ist.
Die Wasserspiegelhöhe (= Prüfdruckhöhe) im Trichter ist 10 Minuten zu beobachten und gegebenenfalls durch Nachfüllen auf der ursprünglichen Höhe zu halten. Der Rückstauverschluss gilt als dicht, wenn in dieser Zeit nicht mehr als 500 ccm Wasser nachgefüllt werden muss.
Nach der Prüfung den Notverschluss (3) wieder öffnen. Den Trichter (2) entfernen und die Verschlussschraube (1) mit dem Dichtring in den Deckel einschrauben. Den Betriebsverschluss (4) mit der Prüftaste wieder öffnen.

b) Sie müssen 2,4 l Wasser nachfüllen, um den vorgeschriebenen Wasserstand halten zu können. Nennen Sie mindestens zwei mögliche Fehlerursachen und machen Sie Vorschläge, wie diese Fehler zu beheben sind.

Name Klasse/Gruppe Datum

Aufgabe 10

Füllen Sie das folgende Wartungsprotokoll passend zu den in den vorherigen Aufgaben durchgeführten Tätigkeiten aus.

Checkliste Wartungsarbeiten

Wartungsarbeiten	Durchgeführt	
Funktion der Demontage-Stellung geprüft	◯ ja	◯ nein
Betriebsverschluss manuell geschlossen/geöffnet	◯ ja	◯ nein
Notverschluss geschlossen/geöffnet	◯ ja	◯ nein
Rückstaueinheit inkl. aller Teile geprüft und gereinigt	◯ ja	◯ nein
Dichtigkeitsprüfung durchgeführt	◯ ja	◯ nein
Sensoreinheit geprüft	◯ ja	◯ nein
Batteriepack (alle 2 Jahre) ausgetauscht	◯ ja	◯ nein
„Normal-Betrieb“ nach Wartung hergestellt: Betriebs-, Notverschluss geöffnet, Stromversorgung geprüft	◯ ja	◯ nein
Anlage im ordnungsgemäßen Zustand	◯ ja	◯ nein

Teile ausgetauscht:

____

____

Bemerkungen:

____

Unterschrift ausführende Firma: ______________________

Unterschrift Abnahmeberechtigte/- r: ______________________

Aufgabe 11

Die Kundin möchte wissen, wie die elektrischen Bauteile des Rückstauverschlusses vor Wasser geschützt sind.
Erläutern Sie dies mithilfe der Informationen aus den technischen Daten (IP-Code).

____

____

____

____

____

7 Technische Daten

Kenndaten	Werte
Netzspannung:	230 V/AC, 50 – 60Hz
Leistung:	4,5 W (Betrieb)
	1,5 W (Bereitschaft)
Netzabsicherung:	max. 16 A
Schutzart Steuerung:	IP 54
Schutzart Gleichstrommotor:	IP 68

Aufgabe 12

Der Kunde möchte wissen, wie hoch die Stromkosten für ein Jahr Bereitschaft der Anlage sind. Berechnen Sie die Kosten mithilfe der technischen Daten aus Aufgabe 11. Nehmen Sie einen Strompreis von 0,32 €/kWh an.

gegeben:

gesucht:

Lösung:

Aufgabe 13

Nach Abschluss der Arbeiten fragt Ihre Kundschaft Sie, ob der ganze Aufwand mit der häufigen Überprüfung und den vielen auszufüllenden Unterlagen so wichtig ist und ob eine Überprüfung z. B. alle drei Jahre evtl. ausreichend wäre.

a) Was antworten Sie?

b) Welche kundenfreundliche Maßnahme empfehlen Sie, damit Ihre Kundschaft die Einhaltung der Termine nicht vergisst?

5 Regelmäßige Prüfung und Wartung

Alle Prüfungen dokumentieren, z. B. damit ein Nachweis der Sorgfaltspflichten im Versicherungsfall besteht.

5.1 Monatliche Prüfung

Einmal im Monat folgende Maßnahmen durchführen:

- Notverschluss öffnen und schließen
- Betriebsverschluss schließen und öffnen
- Nur bei Schachtsystemen: Dichtung der Wendeplatte auf sichtbare Schäden prüfen

5.2 Halbjährliche Prüfung und Wartung

Rückstauverschlüsse (Typ 3F) sind gemäß DIN EN 13564-2 von fachkundigen Personen* halbjährlich zu prüfen und zu warten.

*Definition gemäß DIN 1986-100: *„Fachkundige Personen sind Mitarbeiter betreiberunabhängiger Betriebe, Sachverständige oder sonstige Institutionen, die nachweislich über die erforderlichen Fachkenntnisse für Betrieb, Wartung und Überprüfung von Abscheideranlagen im hier genannten Umfang sowie die gerätetechnische Ausstattung zur Prüfung von Abscheideranlagen verfügen. Im Einzelfall dürfen diese Prüfungen bei größeren Betriebseinheiten auch von intern unabhängigen, bezüglich ihres Aufgabengebietes nicht weisungsgebundenen Fachkundigen des Betreibers mit gleicher Qualifikation und gerätetechnischer Ausstattung durchgeführt werden."*

Alle 6 Monate folgende Maßnahmen durchführen:

- Rückstaueinheit prüfen und reinigen
  - Rückstaueinheit reinigen.
  - Dichtungen und Dichtflächen prüfen. Beschädigte Dichtungen ersetzen.
  - Mechanik und Zustand der beweglichen Teile prüfen. Bewegliche Teile nachfetten. Verschlissene oder beschädigte Teile ersetzen.
  - Ordnungsgemäßen Einbau aller Teile prüfen.
- Dichtigkeitsprüfung

15.5 Instandhaltungsarbeiten an einer solarthermischen Anlage

Sie haben die Aufgabe, die ordnungsgemäße Funktion einer solarthermischen Anlage zu überprüfen und bei Bedarf Instandhaltungsarbeiten durchzuführen.

Aufgabe 1

Mithilfe des Hydraulikschemas verschaffen Sie sich zunächst einen Überblick über die Kundenanlage. Markieren Sie in der Abbildung den Solarkreislauf und zeichnen Sie die Fließrichtung der Solarflüssigkeit ein.

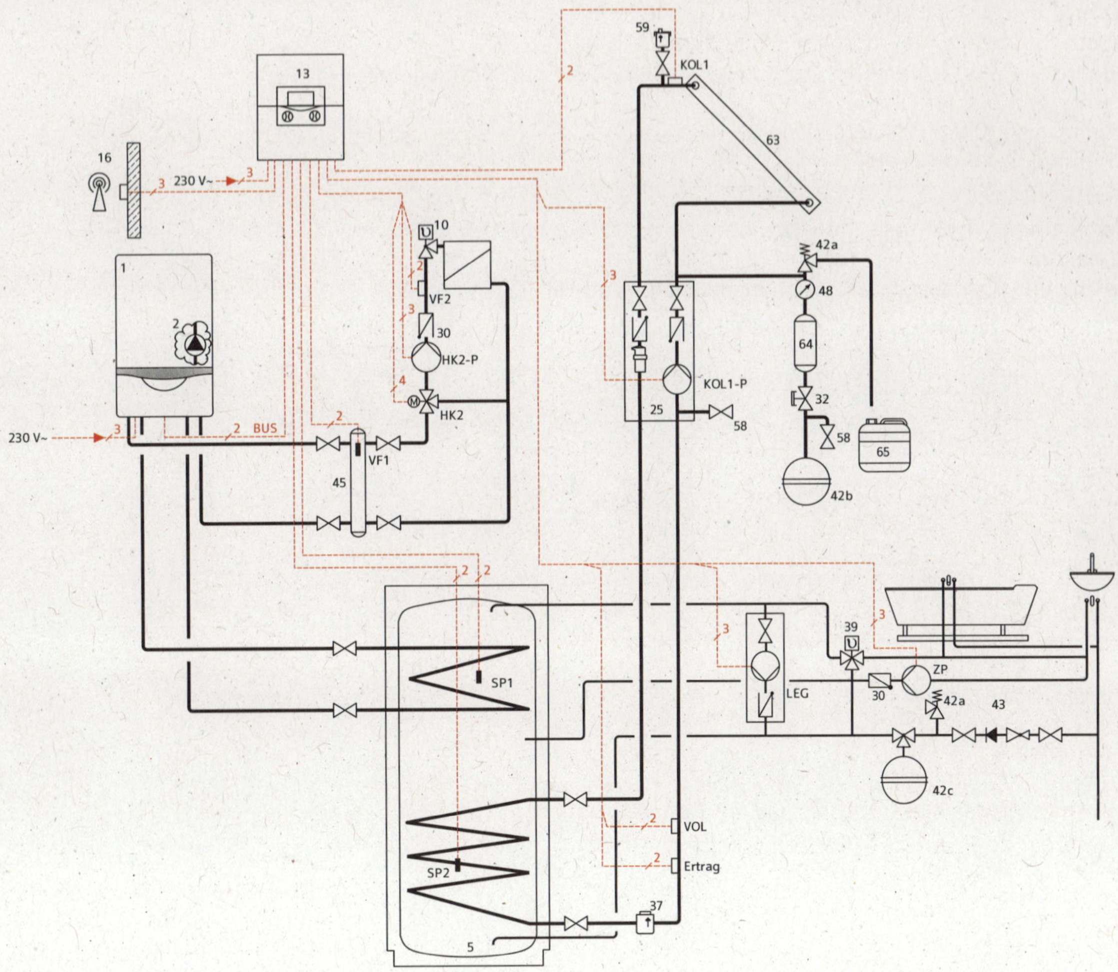

Aufgabe 2

Benennen Sie einzelne Bauteile des Solarkreislaufs, die regelmäßig mit Solarflüssigkeit durchströmt werden. Starten Sie bei der Solarpumpe.

Solarpumpe, ______________________

____

____

____

____

Aufgabe 3

Im nächsten Schritt haben Sie nach den Herstellerangaben einige Betriebsparameter zu prüfen.

Wartungscheckliste Solar Datum ____________

Die Wartung ist nach folgender Liste durchzuführen und anschließend auf dem Blatt der Wartungsnachweise zu dokumentieren und zu bestätigen.

Solarkreis

- Anlagendruck geprüft (ggf. wiederhergestellt) ☐
- pH-Wert der Wärmeträgerflüssigkeit gemessen (mindestens 6,5) ________ ☐
- Frostschutzwirkung der Wärmeträgerflüssigkeit geprüft Frostschutz bis ________ °C ☐
- Auffanggefäß unter Abblaseleitung geprüft ☐
- Funktion der Solarpumpe geprüft (läuft in allen drei Stufen) ☐
- Volumenstrom Solarkreis geprüft ________ 1/min. ☐
- Schwerkraftbremse auf Funktion geprüft ☐
- Brauchwassermischer geprüft (liefert dieser die gewünschte Temperatur) ☐

Kollektor

- Sichtprüfung der Kollektoren durchgeführt ☐
- Rohrisolierung/Rohrleitung und Kollektorfühlerleitung auf Schäden überprüft ☐

Solarregler

- Temperaturfühler zeigen realistische Werte an ☐
- Temperaturdifferenz Vor-/Rücklauf ☐

Sie beginnen mit dem Frostschutz der Wärmeträgerflüssigkeit. Der Blick durch das Refraktometer zeigt Ihnen das folgende Bild.

a) Bestimmen Sie Kälteschutz, Mischungsverhältnis und Eisflockenpunkt.

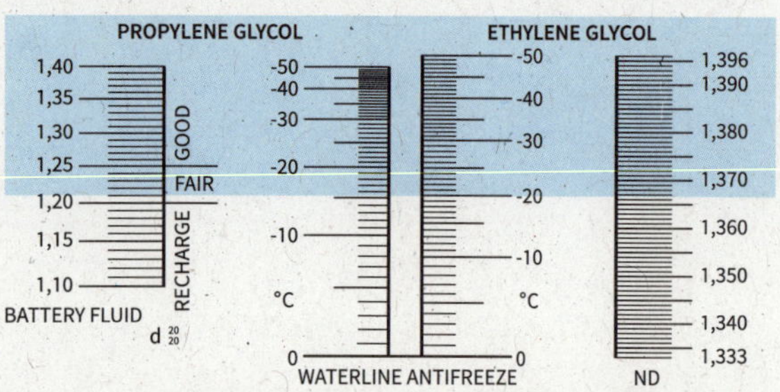

TYFOCOR® L
(Ablesung an der Propylenglykol-Skala)

Vol, %	Eisflocken-punkt	Kälteschutz **Ablesewert**	Stockpunkt
25	−10,7 °C	−11,5 °C	−12,3 °C
30	−14,0 °C	−15,0 °C	−16,0 °C
35	−17,7 °C	−19,0 °C	−20,4 °C
40	−21,5 °C	−23,7 °C	−26,0 °C
45	−26,0 °C	−29,6 °C	−33,3 °C
50	−32,4 °C	−38,2 °C	−44,0 °C
55	−40,4 °C	−48,5 °C	< −50 °C
60	−48,4 °C	< −50 °C	< −50 °C

Aus Gründen der Frost- und Korrosionssicherheit ist bei TYFOCOR® L-Wassermischungen bei Einsatz in thermischen Solaranlagen eine Mindestkonzentration von 40 Volumenprozent TYFOCOR® L-Konzentrat einzuhalten.

Kälteschutz: ____________

Mischungsverhältnis: ____________

Eisflockenpunkt: ____________

b) Bewerten Sie das Messergebnis und machen Sie bei Bedarf einen Lösungsvorschlag.

Aufgabe 4

Im nächsten Schritt prüfen Sie das Auffanggefäß unter der Abblaseleitung. Das Gefäß ist leer.

a) Erläutern Sie Ihrer Kundschaft, für welche Situation das Auffanggefäß benötigt wird.

b) Wäre es zulässig, das Gefäß durch eine Abflussleitung zu ersetzen?

Aufgabe 5

Die Sonne scheint und trotzdem läuft die Solarpumpe nicht. Das Display der Anlage zeigt Ihnen die dargestellten Informationen. Erläutern Sie, warum die Solarpumpe nicht läuft.

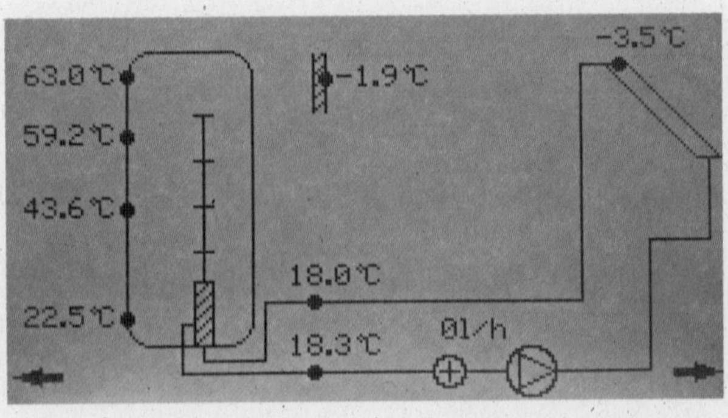

Aufgabe 6

Für den nächsten Punkt auf der Checkliste aktivieren Sie die Solarpumpe manuell und kontrollieren den Volumenstrom am TacoSetter.

a) Die Solarregelung zeigt einen gemessenen Volumenstrom von 200 l/h an. Vergleichen Sie diesen Wert mit dem abgelesenen Wert am TacoSetter.

TacoSetter Inline 100 I Abgleichventil aus Messing mit Außengewinde

Bestell-Nr.	DN	G x G	Messbereich	k_{vs} (m³/h)
223.1233.000	15	¾“ x ¾“	0,6–2,4 (l/min)	0,6
223.1234.000	15	¾“ x ¾“	1,0–3,5 (l/min)	1,35
223.1238.000	15	¾“ x ¾“	2,0–8,0 (l/min)	1,8
223.1239.000	15	¾“ x ¾“	3,0–12,0 (l/min)	1,85
223.1300.000	20	1“ x 1“	4,0–15,0 (l/min)	5,0
223.1302.000	20	1“ x 1“	8,0–30,0 (l/min)	5,0
223.1305.000	20	1“ x 1“	10,0–40,0 (l/min)	5,0

b) Mit welcher Bestellnummer könnten Sie einen baugleichen TacoSetter bestellen?

Aufgabe 7

Erläutern Sie die Notwendigkeit einer Schwerkraftbremse speziell in solarthermischen Anlagen.

Aufgabe 8

Eine weitere Tätigkeit ist die Sichtprüfung des Kollektors und der Leitungen auf dem Dach. Bei genauer Betrachtung entdecken Sie Pick- und Hackspuren am Dämmmaterial der Solarleitung und auch Beschädigungen an der Fühlerleitung.
Machen Sie Ihrer Kundschaft mindestens zwei Vorschläge zum Schutz vor weiteren Beschädigungen.

Aufgabe 9

Berechnen Sie anhand der Daten auf dem Display die aktuelle Wärmeleistung der Solaranlage. Bewerten Sie das Ergebnis.

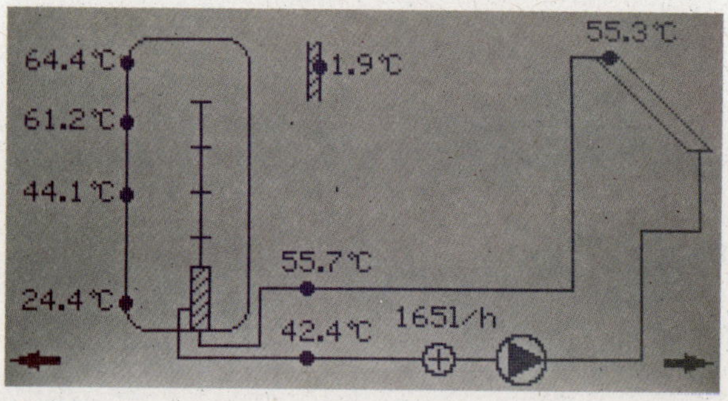

gegeben:

gesucht:

Lösung:

Name Klasse/Gruppe Datum

Aufgabe 10

Erläutern Sie Ihrer Kundschaft die Notwendigkeit einer jährlichen Wartung der Solaranlage.

Name Klasse/Gruppe Datum

Name Klasse/Gruppe Datum

Name

Klasse/Gruppe

Datum

|iStockphoto.com, Calgary: imetlion Titel. |Schlierf, Birgit und Olaf, Lachendorf: 8.1, 8.2, 9.1, 9.2, 9.3, 10.1, 10.2, 11.1, 11.2, 11.3, 11.4, 11.5, 12.1, 12.2, 12.3, 12.4, 13.1, 13.2, 13.3, 14.1, 14.2, 15.1, 15.2, 16.1, 17.1, 17.2, 18.1, 19.1, 19.2, 19.3, 20.1, 23.1, 24.1, 24.2, 25.1, 26.1, 28.1, 29.1, 29.2, 30.1, 38.1, 38.2, 45.1, 47.1, 47.2, 47.3, 47.4, 47.5, 53.1, 57.1, 57.2, 57.3, 57.4, 58.1, 59.1, 59.2, 61.1, 62.1, 63.1, 64.1, 66.1, 66.2, 66.3, 67.1, 67.2, 67.3, 67.4, 68.1, 68.2, 68.3, 70.1, 71.1, 72.1, 76.1, 76.2, 77.1, 77.2, 80.1, 80.2, 80.3, 82.1, 82.2, 83.1, 83.2, 84.1, 84.2, 85.1, 85.2, 86.1, 86.2, 87.1, 87.2, 88.1, 88.2, 89.1, 89.2, 90.1, 90.2, 91.1, 91.2, 91.3, 92.1, 92.2, 92.3, 92.4, 92.5, 93.1, 94.1, 94.2, 94.3, 94.4, 94.5, 94.6, 94.7, 94.8, 94.9, 95.1, 97.1, 97.2, 99.1, 101.1, 102.1, 102.2, 103.1, 104.1, 105.1, 105.2, 106.1, 108.1, 108.2, 109.1, 109.2, 109.3, 109.4, 110.1, 110.2, 110.3, 110.4, 111.1, 111.2, 111.3, 111.4, 112.1, 112.2, 112.3, 113.1, 113.2, 113.3, 118.1, 119.1, 119.2, 120.1, 120.2, 120.3, 121.1, 122.1, 122.2, 122.3, 123.1, 123.2, 124.1, 124.2, 124.3, 124.4, 125.1, 125.2, 127.1, 128.1, 128.2, 129.1, 129.2, 129.3, 130.1, 130.2, 131.1, 131.2, 132.1, 132.2, 133.1, 133.2, 134.1, 134.2, 135.1, 138.1, 139.1, 142.1, 143.1, 144.1, 144.2, 144.3, 146.1, 146.2, 149.1, 149.2, 150.1, 150.2, 150.3, 150.4, 151.1, 152.1, 152.2, 152.3, 152.4, 154.1, 156.1, 157.1, 161.1. |ACO Passavant GmbH, Philippsthal: 139.1, 139.2. |Bosch Thermotechnik GmbH, Wetzlar: 9.1, 19.1. |DEHOUST GmbH, Leimen: 68.1. |Deutscher Energieholz- und Pellet-Verband e.V. (DEPV), Berlin: 76.1. |Di Gaspare, Michele (Bild und Technik Agentur für technische Grafik und Visualisierung), Bergheim: 5.1, 9.2, 9.3, 10.2, 12.1, 15.2, 16.1, 17.1, 19.2, 19.3, 19.4, 19.5, 19.6, 22.1, 24.1, 24.2, 24.3, 24.4, 24.5, 24.6, 24.7, 24.8, 24.9, 24.10, 24.11, 24.12, 25.2, 26.1, 27.1, 28.1, 29.2, 30.1, 41.1, 42.1, 43.2, 44.1, 45.1, 48.1, 53.1, 54.1, 56.1, 56.2, 56.3, 64.2, 66.1, 68.2, 68.3, 69.2, 78.1, 79.1, 80.1, 81.1, 81.2, 82.1, 82.2, 83.2, 84.1, 84.2, 84.3, 84.4, 95.1, 98.6, 99.1, 99.2, 100.1, 100.2, 105.1, 110.1, 111.1, 111.2, 112.2, 113.1, 113.2, 113.3, 113.4, 113.5, 113.6, 113.7, 113.8, 113.9, 113.10, 113.11, 113.12, 113.13, 113.14, 113.15, 113.16, 113.17, 113.18, 113.19, 114.1, 115.1, 116.2, 117.1, 118.1, 118.2, 118.3, 118.4, 118.5, 118.6, 118.7, 119.1, 119.2, 119.3, 119.4, 120.1, 120.2, 120.3, 120.4, 120.5, 120.6, 120.7, 120.8, 120.9, 120.10, 120.11, 120.12, 120.13, 120.14, 120.15, 120.16, 120.17, 120.18, 120.19, 121.2, 121.3, 131.1, 136.2, 146.1. |ecom GmbH, Iserlohn: 51.1. |Eder Spirotech GmbH, Leisach: 73.1, 74.1, 74.2. |en2x, Berlin: 69.1, 70.1, 71.1. |GROHE Deutschland Vertriebs GmbH, Porta Westfalica: 134.1, 135.1, 135.2, 135.3. |Haase Tank GmbH, Großröhrsdorf: 67.1. |Heinrich Kopp GmbH, Kahl: 136.1. |Holz, Thomas, Stadthagen: 116.1. |Kessel AG, Lenting: 140.1, 140.2, 140.3, 140.4, 141.1, 141.2, 142.1, 142.2. |PC Electric GmbH, St. Martin/Innkreis: 137.1, 137.2, 137.3, 137.4. |Reflex Winkelmann GmbH, Ahlen: 13.1. |Shutterstock.com, New York: Richard z Titel; Wstockstudio Titel. |Siemens AG, München: 121.1. |STIEBEL ELTRON: 10.1. |stock.adobe.com, Dublin: Coprid 75.1; goodluz 94.1; schapinskaja 37.1; Studio Harmony 77.1; XtravaganT Titel. |Testo SE & Co. KGaA, Titisee-Neustadt: 54.2, 109.1, 109.2. |Vaillant GmbH, Remscheid: 15.1, 29.1, 31.3, 31.4, 33.1, 43.1, 47.1, 83.1, 87.1, 87.2, 87.3, 88.1, 89.1, 93.1, 112.1, 122.1, 124.1, 126.1, 145.1, 145.2. |Viega GmbH & Co. KG, Attendorn: 35.1, 57.1, 57.2, 57.3, 57.4. |Viessmann Climate Solutions SE, Allendorf (Eder): 25.1, 31.1, 31.2, 39.1, 59.1, 61.1, 63.1, 64.1, 96.1, 98.1, 98.2, 98.3, 98.4, 98.5, 104.1, 106.1, 106.2, 106.3, 106.4. |Wolf GmbH, Mainburg: 32.1. |Wolf, Thomas, Adendorf: 147.1, 147.2, 148.1. |© 2022 Resideo Technologies, Inc., Mosbach: 11.1, 14.1, 14.2, 130.1.